[하나님 나라 가치] 시리즈 2

# 하나님을 경외하는 사람들



SFC

히나님을 경외하는 사람들

초판 1쇄 2009년 9월 14일
초판 2쇄 2011년 2월 26일

발행인 SFC 교재개발부
발행처 SFC 출판부
총 판 하늘유통(031-947-7777)

137-040 서울특별시 서초구 반포4동 58-5 2층
TEL (02)596-8493 FAX (02)596-5437

ISBN 978-89-89002-19-5 03230
값 1,800원

독자의 의견을 기다립니다.
www.sfcbooks.com

# 차례

하 나 님 을 경 외 하 는 사 람 들



Worship

# SFC 하나님 나라 공동체
## 나눔 교재 시리즈

### 교재의 특징

본 교재는 대학생들과 청년들의 고민과 상황에 맞게 서로 자연스럽게 대화하고 토론하면서 진행할 수 있도록 꾸며져 있습니다. 성경말씀을 지나치게 깊이 연구하는 방식을 지양하면서도 주어진 말씀의 주제를 중심으로 말씀의 가치를 함께 고민하고 행동할 수 있도록 도울 것입니다.

**〈하나님 나라 공동체〉시리즈**는 각각의 주제 창(window)을 통해 하나님의 백성들이 지향해야 할 가치들을 나누게 됩니다. 각각의 주제만으로도 하나님 나라의 통합적인 가치를 이해하고 그 가치를 따라 행동할 수 있도록 내용적으로 심혈을 기울였습니다.

### 교재의 구성

본 교재는 소그룹원들의 생각과 삶을 충분히 나누도록 배려하였고 결국 삶의 변화를 목표로 합니다. 따라서 본 교재는 이 점을 고려하여 내용을 구성하였습니다.

_ **아이스브레이크** : 마음 문을 열고 다룰 주제에 자연스럽게 접근하게 합니다.
_ **삶의 흔적 나누기** : 개연성 있는 상황을 설정하여 삶을 돌아보게 합니다.
_ **말씀의 관점 대하기** : 삶의 고민을 하나님의 말씀으로 해결합니다.
_ **기도로 삶 드리기** : 공동체가 나눈 삶의 적용들을 놓고 함께 기도로 돕습니다.
_ **활동 팁** : 공동체가 배운 내용을 함께 실천할 수 있도록 안내합니다.

## 교재의 주제

본 시리즈는 단계별 교재가 아닙니다. 순서와 관계없이 어떤 교재를 사용하더라도 하나님 나라의 관점에서 동일한 원리로 접근할 수 있게 했습니다. 따라서 공동체의 상황에 따라 주제를 선택하여 사용하시면 됩니다. 시리즈 전체 목록은 다음과 같습니다.

**0. 하나님 나라의 가치를 추구하는 사람들(Value)**
_ 하나님의 사람들은 하나님 나라의 기본 가치에 헌신된 자들입니다.

**1. 복음을 즐거워하는 사람들(Gospel)**
_ 하나님의 사람들은 복음의 핵심적인 내용을 잘 알고 그것을 즐거워합니다.

**2. 하나님을 경외하는 사람들(Worship)**
_ 하나님의 사람들은 언제 어디서든지 하나님을 가까이 할 수 있는 자들입니다.

**3. 그리스도의 성품을 닮은 사람들(Personality)**
_ 하나님의 사람들은 그리스도의 인격을 닮은 자이며 그분의 삶을 닮아가는 제자들입니다.

**4. 하나님 나라를 전하는 사람들(Evangelism)**
_ 하나님의 사람들은 하나님 나라의 복음과 그 가치를 다른 사람들과 함께 나눕니다.

**5. 함께 성장하는 사람들(Training)**
_ 하나님의 사람들은 서로 훈련하고 함께 성장하기에 힘쓰는 자들입니다.

**6. 복음을 위해 고난 받는 사람들(Sacrifice)**
_ 하나님의 사람들은 복음의 가치를 실현하기 위해 희생과 섬김의 삶을 살아갑니다.

**7. 세상을 변혁하는 사람들(Transformation)**
_ 하나님의 사람들은 하나님의 비전대로 세상이 변혁되기를 사모하고 행동합니다.

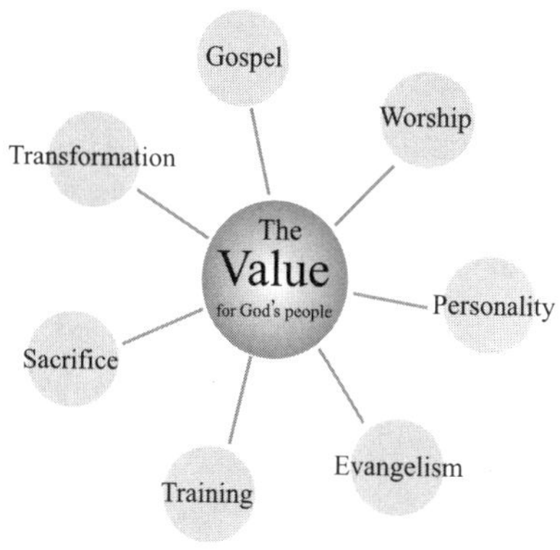

[하나님 나라 가치] 시리즈 2

# 하나님을 경외하는 사람들 일러두기

하나님나라 사람들은 어떤 상황과 환경 가운데서도 하나님께 예배하는 사람으로 부름 받았고, 예배함으로 '하나님을 경외하는 사람' 이 된다.

## 교재의 구성

하나님을 경외하는 사람은 예배하는 사람이다. 예배는 하나님의 존재와 사랑을 알기에 우리가 드릴 수 있는 최고의 경의를 표하는 것이다. 우리는 예배를 통해 하나님께 감사하고, 찬양하고, 사랑을 표함으로 그분을 만난다. 하나님을 경외하는 사람은 다음과 같이 하나님을 예배한다.

**제1과 예배 알아가기(예배의 의미와 근원)**

예배란 무엇인가? 예배하는 자는 예배한다는 의미가 무엇인지 알고, 그 예배의 기초가 무엇인지 알아야 한다. 예배의 근원은 예수 그리스도를 통한 구원이다. 구원을 통해서 하나님을 알고, 그 하나님께 찬양과 경배를 드리는 것이 예배이다.

**제2과 예배 안으로 들어가기(예배의 본질)**

참된 예배는 신령과 진정으로 드리는 예배이다. 하나님은 영이시기에 신령과 진정으로 드리는 예배를 받으신다. 신령과 진정이란 성령과 진리를 말하며 이것이 예배의 본질이다. 우리에게 있어 성령과 진리로 드리는 참 예배의 회복이 필요하다.

**제3과 예배 대상 만나기(예배의 대상)**

예배를 받으시는 분은 '하나님' 이다. 하나님의 백성은 예배를 통해 하나님을 만나고, 그 하나님과 교제한다. 우리 예배의 주인 되시는 하나님은 우리를 창조하신 창조주이며, 우리를 구원한 구원자이시다. 창조주 하나님, 구원자 하나님이 그 백성들의 예배를 받으신다.

**제4과 예배자 되기(예배자의 헌신)**

하나님을 경외하는 예배는 준비가 필요하다. 예배를 준비하는 것은 '예배 의식' 을 준비해야 할 뿐만 아니라 예배하는 자로 준비되어야 한다. '예배자' 로 준비되지 않으면 하나님께 온전히 예배할 수 없다. 그러므로 '참 마음' 과 '온전한 믿음' 을 가진 예배자로 준비되어야 한다.

**제5과 예배하는 삶으로 나아가기(준비하는 삶)**

하나님을 경외하는 예배는 예배하는 삶이 수반되어야 한다. 예배하는 삶은 전도, 선교, 헌금, 찬양, 기도하는 삶이라 할 수 있다. 이와 같은 삶을 드리는 것이 참 예배이며, 예배하는 삶이다.

**제6과 예배, 그 후(순종하는 삶)**

하나님을 경외하는 예배는 '예배시간' 에만 국한되는 것이 아니라 예배 이후에 말씀을 순종하는 삶으로 이어져야 한다. 말씀에 순종하는 삶이 없다면 예배도 없는 것이다. 말씀에 순종하는 삶이 우리가 드려야 하는 영적 예배이다.

## 각 과의 구조 및 유의사항

각 과마다 기본적인 구조는 공통적이다. 각 항목마다 목표하는 바가 다르기 때문에 그 항목에 적절한 목표를 성취할 수 있도록 해야 한다.

**아이스브레이크**

아이스브레이크는 크게 두 가지 목적을 갖고 있다. 첫째는 말문 열기, 둘째는 주제에 집중하기이다. 첫 번째 질문은 말문을 열기 위한 것이고, 두 번째 질문은 주제에 집중하기 위한 것이다. 아이스브레이크는 모임에 참석한 사람들의 이야기를 들을 준비가 되었다는 것을 확인하는 시간이다.

**삶의 흔적 나누기**

삶에서 일어날 수 있는 예화를 제시하고 있다. 이 예화들은 우리들의 이야기이다. 각각의 예화를 통해 서로의 생각들을 나누어 보자. 한 사람이 읽고 나서 주어진 질문에 따라 서로의 생각들을 펼쳐 놓으면서 주제에 더욱 깊이 다가서도록 한다.

**말씀의 관점 대하기**

성경말씀을 해석하고, 성경의 관점을 배우고, 구체적인 실천을 위한 깊이 있는 이야기를 나눌 수 있다. 이 시간에는 말씀을 분해하지 않고 전체적인 주제를 더욱 선명하게 하는 질문들이 주어져 있다. 따라서 지나친 논쟁은 말씀을 실천하려는 자세에 도움이 되지 않는다. 하나님 말씀을 현실적인 삶에서 구체화할 수 있는 방법에 대한 서로의 생각을 나누고 서로 배우라.

**기도로 삶 드리기**

각 과의 주제를 총정리하는 나눔을 하고 그 내용을 가지고 함께 기도하는 시간이다. 주제가 삶 속에서 구체적으로 실천될 수 있도록 기도하라. 그리고 개인의 삶, 공동체, 사회의 변화를 위해 기도하라. 마지막으로 개인적인 기도 제목으로 서로 중보기도 하라.

**활동 팁**

모임 이후에 개인적으로 또는 공동체적으로 심화 학습하거나 실천할 수 있는 활동들을 제공한다. 제시한 것 외에도 소그룹들이 주 중에 활용할 수 있는 더 좋은 아이디어를 나누고 실천할 수 있다.

## 진행시 유의사항

1. 각 질문에 대해 모든 조원들이 나눔을 해야 한다는 생각은 버려라. 시간을 효과적으로 사용하면서도 가능하면 많은 사람들이 나눌 수 있는 방법을 선택하라.
2. 모든 질문은 열린 질문이 되도록 하라. 이 교재는 나눔식 질문으로 구성되어 있기 때문에 그 취지를 잘 살려서 다양한 생각들, 삶의 이야기들을 가능하면 풍성하게 나눌 수 있도록 하라.
3. 나눔은 공동체성을 강화하는 방향으로 가야 한다. 아무리 좋은 주제라도 지나친 논쟁이나 편 가르기식 나눔은 이후에 어떤 형태로든지 상처를 남긴다. 공동체 구성원들의 신앙적 견해 차이를 서로 인정하고 수용하라.

# 하나님을 경외하는 사람들

# 01 예배 알아가기

### 〉〉〉〉 아이스브레이크

1. 당신이 가진 물건 중에 소중한 것 하나를 소개해 봅시다.

2. 세상 사람들이 '로망'으로 삼고 있는 것들은 무엇인지 한 가지씩 나누어 봅시다.

### 〉〉〉〉 삶의 흔적 나누기

CASE 1

**초신이는** 얼마 전 친구를 따라 처음 교회에 나가 예배를 드렸다. 물론 처음 드리는 예배라서 예배순서 중에 있는 찬양, 기도, 말씀, 헌금, 축복기도 등의 순서가 낯설어 어떻게 해야 할지 몰라 난감하기도 했지만, 무언가 모를 종교적인 거룩한 느낌을 받았다. 그래서 예배 중 행해지는 의식 순서의 의미가 무엇인지 궁금해졌다. 찬양은 왜 하는지? 기도는? 헌금의 목적은? 등등 여러 가지 의문이 생겨 친구에게 물었지만, 친구는 그냥 예배드리다 보면 알게 될 것이라고 말했다. 그래도 그 의미를 알고 드렸으면 하는 마음이 더 강해진다. 예배의 의미가 무엇인지 궁금하다.

CASE 2

**기신이는** 최근에 구약의 제사제도를 공부하면서 하나님께 제사하는 것이 매우 어려웠다는 것을 깨달았다. 하나님께 제사하기 위해서는 제물, 의식, 제사방법 등 매우 복잡한 절차를 정해진 법규에 따라 드려야 했다. 또한 제사를 드릴 때는 아무나 드릴 수 있는 것이 아니고 제사장만이 드릴 수 있었다. 그러나 지금은 누구나 교회에서 예배를 드릴 수 있다. 과연 아무나 예배를 드릴 수 있는 것일까?

3. 위의 이야기를 읽고 난 뒤, 당신은 예배가 무엇이라는 생각이 듭니까?

## 〉〉〉〉 말씀의 관점 대하기

**예배는** 창조주 하나님 앞에 절하고, 또 그 분의 성품에 합당한 영광을 드리는 것입니다. 그리고 구원자 하나님을 노래하는 것입니다. 그러므로 본질적으로 예배는 하나님께 경의와 존경을 드리는 것입니다. 이것이 그리스도인들이 주일에 함께 모여 예배를 드리는 이유입니다. 우리는 설교자나 찬양대에 있는 이들을 위해서가 아니라 하나님께 존경을 드리기 위해서 모입니다.

하나님이 우리를 구원하신 목적은 우리를 예배하는 사람들이 되게 하기 위해서입니다. 이러한 예배는 주일에 모여 드리는 의식적인 예배만 아니라 생활 전체로 드리는 삶의 예배 모두를 포함합니다. 시편 95:1-7과 이사야 66:21-23은 예배의 의미와 근원에 대해서 말씀하고 있습니다. 함께 위의 본문을 찾아서 예배의 의미와 근원이 무엇인지 이야기 해 봅시다.

시편 95:1-7

> 오라 우리가 여호와께 노래하며 우리의 구원의 반석을 향하여 즐거이 외치자 우리가 감사함으로 그 앞에 나아가며 시를 지어 즐거이 그를 노래하자 여호와는 크신 하나님이시요 모든 신들보다 크신 왕이시기 때문이로다 땅의 깊은 곳이 그의 손 안에 있으며 산들의 높은 곳도 그의 것이로다 바다도 그의 것이라 그가 만드셨고 육지도 그의 손이 지으셨도다 오라 우리가 굽혀 경배하며 우리를 지으신 여호와 앞에 무릎을 꿇자 그는 우리의 하나님이시요 우리는 그가 기르시는 백성이며 그의 손이 돌보시는 양이기 때문이라 너희가 오늘 그의 음성을 듣거든

이사야 66:21-23

> 나는 그 가운데에서 택하여 제사장과 레위인을 삼으리라 여호와의 말이니라 내가 지을 새 하늘과 새 땅이 내 앞에 항상 있는 것 같이 너희 자손과 너희 이름이 항상 있으리라 여호와의 말이니라 여호와가 말하노라 매월 초하루와 매 안식일에 모든 혈육이 내 앞에 나아와 예배하리라

4. "예배란 하나님께서는 찬양받으시고 그의 교회는 축복을 받는, 하나님과 하나님 백성 사이에 규정된 연합 집회"입니다.* 시편 말씀은 하나님께 "노래하며", "즐거이 외치자", "무릎을 꿇자"라는 말로 예배를 표현합니다. 이런 정의와 표현을 볼 때, 예배가 무엇인지 각자의 생각을 나누어 봅시다.

* 제임스 드 종(James A. De Jong), 『개혁주의 예배』

5. 이사야서는 "나는 그 가운데에서 택하여 제사장과 레위인을 삼으리라", "모든 혈육이 내 앞에 나아와 예배하리라"고 말합니다. 그렇다면 예배를 드리는 자는 어떤 사람인지, 그 사람에게 하나님이 행하신 것이 무엇인지 나누어 봅시다.

6. "기독교 예배란 그리스도이신 예수님 안에서 자신을 보여주신 하나님의 계시와 그에 대한 인간의 응답이다"**라는 말이 있습니다. 하나님은 많은 사람들 가운데 특별히 우리들을 그리스도를 통하여 구원하시고 부르시어 예배할 수 있는 자로 삼으셨습니다. 당신이 드리는 예배의 기초가 예수 그리스도를 통한 구원이라는 사실을 무엇으로 알 수 있습니까?

** 폴 훈(Paul W. Hoon), 『예배의 통합』

## 》》》 기도로 삶 드리기

**예배는** 최고의 존재에게 최상의 존경과 경의, 찬양과 영광을 돌리는 것입니다. 즉, 우리는 예배를 통해서 우리의 모든 것을 하나님께 드립니다. 그러나 본질적으로 죄인인 우리는 거룩하신 하나님께 예배할 수 없습니다. 우리가 예배를 드릴 수 있는 것은 예수 그리스도를 믿음으로 죄가 깨끗케 되고, 구원을 받았기 때문입니다. 그러므로 우리의 구원은 우리가 드리는 예배의 기초입니다. 오직 예수님만이 우리가 하나님께 나아갈 수 있는 길이 됩니다. 예수님을 통하여 하나님께 우리의 모든 것을 드리는 것에 예배의 의미가 있습니다.

7. 창조주이며 구원자이신 하나님께 온전한 마음과 참된 경배를 드리는 예배를 하게 하옵소서.

8. 죄로 말미암아 하나님께 나아갈 수 없는 우리를 불러 예배자로 삼으신 것은 전적인 하나님의 은혜입니다. 그 은혜를 생각하며 어떠한 상황과 형편에서도 평생 하나님께 감사와 찬양을 드리게 하옵소서.

**활동 팁**

9. 교회의 주보를 보면서 예배 순서에는 어떤 것들이 있는지, 그 순서는 어떤 의미가 있는지 찾아보십시오.

10. "예배를 드린다"는 말에는 어떤 뜻들이 있는지 각자 생각나는 대로 이야기 해 보고, 할 수 있다면 국어사전을 참고해서 '드린다' 란 단어의 의미에는 어떤 것들이 있는지 찾아보십시오. 그 가운데 우리는 어떤 의미로 예배를 드리고 있는지 말해보십시오.

"오라 우리가 굽혀 경배하며
우리를 지으신 여호와 앞에 무릎을 꿇자.
그는 우리의 하나님이시요
우리는 그가 기르시는 백성이며
그의 손이 돌보시는 양이기 때문이라"
시편 95:6-7

# 02 예배 안으로 들어가기

### 》》》 아이스브레이크

1. 현재 당신이 드리고 있는 예배를 색깔로 표현한다면 어떤 색입니까? 왜 그런 색깔을 택했는지 이야기 해 보십시오.

2. 요즘 당신의 예배 태도를 점수로 환산한다면 100점 만점에서 몇 점을 주시겠습니까? 왜 그런 점수를 주었는지 서로 이야기 해 보십시오.

### 》》》 삶의 흔적 나누기

CASE 1

**허둥이는** 최근 예배 때문에 마음이 불편하다. 예배 시간은 허겁지겁 시간에 맞추어서 가고, 예배는 건성으로 드리기 때문이다. 사실 허둥이는 그런 자신의 행동 때문에 마음이 힘들다. 그렇게 하지 말아야 한다는 생각 때문에 마음 한편으로는 늘 하나님께 죄송하다. 또한 준비하지 못하고 드리는 예배로 인해 말씀과 찬양, 기도와 헌금 가운데서 은혜를 누리지 못한다. 다른 친구들은 예배를 통해 받은 은혜를 말하는데, 허둥이는 자기만 무기력하게 예배를 드리는 것 같아 마음이 무겁다.

CASE 2

**흥미에게** 예배를 드린다는 것은 극장에서 재미있는 영화를 보는 것과 같다. 말씀과 찬양, 관심이 가는 새로운 사람들. 이 모든 요소들이 흥미의 마음을 끈다. 그러나 최근에는 그런 요소들이 점점 사라지고 있다. 말씀은 매주 별 반 다르지 않고, 찬양도 마찬가지다. 더 이상 관심이 가는 사람도 없어서 예배에 점점 재미를 잃어 가고 있다. 주위 사람들도 흥미와 마찬가지 생각을 하면서 예배를 쇄신하는 것이 필요하다고 한 마디씩 하지만, 이런 우리의 마음을 목사님과 예배운영위원회 분들은 모르시는 것 같다. 이 분들이 빨리 예배의 문제를 인식하고 바꾸었으면 좋겠다. 그러면 다시 예배가 재미있어 질 것이다.

3. 최근에 당신이 드리고 있는 예배는 위의 두 경우 중 어디에 해당합니까? 만약 위의 경우와 다르다면 어떤 상태입니까?

## 〉〉〉〉 말씀의 관점 대하기

**예배는** 영이신 하나님께 신령과 진정으로 드려야 합니다. 여기에서 신령이란 성령을 말하고, 진정이란 진리를 말합니다. 또한 진리란 예수 그리스도이며, 하나님의 말씀을 의미합니다. 결국 예배는 예수 그리스도 안에서 말씀을 통하여 성령으로 드리는 것입니다. 이것이 예배의 본질입니다.

요한복음 4:19-26은 예배의 본질이 무엇인지 잘 말씀해 주고 있습니다. 이 말씀을 읽어봅시다.

**요한복음 4:19-26**

> 우리 조상들은 이 산에서 예배하였는데 당신들의 말은 예배할 곳이 예루살렘에 있다 하더이다 예수께서 가라사대 여자여 내 말을 믿으라 이 산에서도 말고 예루살렘에서도 말고 너희가 아버지께 예배할 때가 이르리라 너희는 알지 못하는 것을 예배하고 우리는 아는 것을 예배하노니 이는 구원이 유대인에게서 남이니라 아버지께 참으로 예배하는 자들은 신령과 진정으로 예배할 때가 오나니 곧 이때라 아버지께서는 이렇게 자기에게 예배하는 자들을 찾으시느니라 하나님은 영이시니 예배하는 자가 신령과 진정으로 예배할찌니라 여자가 가로되 메시야 곧 그리스도라 하는 이가 오실 줄을 내가 아노니 그가 오시면 모든 것을 우리에게 고하시리이다 예수께서 이르시되 네게 말하는 내가 그로라 하시니라

4. '예배를 드린다' 고 할 때 예배를 받으시는 분이 있음을 알 수 있습니다. 예배를 받으시는 분은 누구입니까? 우리가 드리는 예배 중에 예배를 받으시는 분이 드러나는 부분은 어떤 것들이 있는지 나누어 봅시다.

5. 하나님은 예배하는 사람을 찾으십니다. 바른 예배자의 태도를 성경은 무엇이라 이야기 합니까? 그것을 우리 자신들의 말로 바꾸면 어떤 것으로 바꿀 수 있겠습니까?

6. 신령과 진정으로 드리는 예배는 메시아가 오시면 가능해 집니다. 우리의 메시아이신 예수님이 오셔서 그 길을 열어주셨습니다. 나와 우리 교회는 신령과 진정으로 예배를 드리고 있습니까? 신령과 진정으로 드려지는 예배의 모습은 어떤 것인지 나누어 봅시다.

7. 예수님은 예배에 대하여 사마리아 여인의 생각과는 다른 차원을 말씀하셨습니다. 예수님이 말씀하신 새로운 차원의 예배를 장소적인 차원, 시간적인 차원, 태도의 차원으로 나누어 이야기 해 봅시다.

## 〉〉〉〉 기도로 삶 드리기

**교회는** 예배를 통해서 회복되고 성장합니다. 즉, 예배는 성도와 공동체를 회복시키며 성장하게 합니다. 그러나 오늘날 그런 예배를 드리는 성도와 교회가 점점 사라져 갑니다. 따라서 예배 본질의 회복이 절실히 필요합니다. 요한복음 4:22에서 예수님은 사마리아 여인에게 "너희는 알지 못하는 것을 예배하고"라고 말씀하십니다. 이 말씀은 무슨 뜻일까요? 예수님은 사마리아인들이 예배를 드리고 있다는 것을 인정했습니다. 그러나 사마리아인들은 예배의 본질이 무엇인지 몰랐습니다. 사마리아인들은 모세 오경만을 하나님께로부터 온 것이라고 받아들였습니다. 그러므로 그들의 지식은 제한되어 있었습니다. 그들은 하나님께 대한 몇몇 진리들을 알 만큼 지식을 갖고 있었지만, 구원의 계시를 전부 알 정도로 충분한 지식은 없었습니다. 그들은 예배하고 있었지만, 자신들이 예배하는 것을 완전히 알지는 못했습니다. 따라서 사마리아인들의 예배는 적절한 지식이 없는 예배라고 할 수 있습니다. 그들이 드리는 예배는 올바른 내용이 없었습니다. 다시 말해 그들은 진리로 예배하지 않았던 것입니다.
예수님은 "우리는 아는 것을 예배하노니 이는 구원이 유대인에게서 남이니라"고 말씀하십니다. 유대인들은 구약 39권 모두를 받아들이며 구원의 기르침에 대한 전체계시를 가지고 있었습니다. 그들은 진리를 알고 있었습니다. 그러나 그들에게는 신령함이 없었습니다. 마태복음 6:1-8을 읽어보면, 그들은 차갑고 율법적이며 위선적이었던 것을 알 수 있습니다. 그들은 예배의 의식은 모두 행했으나 그 안에 그들의 마음이 담겨있지 않았던 것입니다. 그들은 진리를 갖고 있었으나 마음은 비어 있었습니다. 신령과 진리로 드려지는 참 예배의 회복이 필요한 시대입니다. 그리고 그런 예배를 드리는 예배자로 우리가 회복되어야 합니다.

8. 우리가 드리는 모든 예배가 신령과 진정으로 드려지는 예배가 될 수 있도록, 우리 예배의 회복을 위하여 기도합시다.

9. 하나님이 찾으시는 예배자가 되기를 소망하며, 나를 참 예배자로 세워 주시도록 기도합시다.

》》》 **활동 팁**

10. 주일 예배에 늦지 않기 위해서 어떻게 하는 것이 좋을까요? 교회적으로 실시할 수 있는 일이 무엇인지 생각해 보고 서로 대책을 마련해 봅시다.

11. 교회 성도들이 예배에 집중할 수 있도록 하려면 어떤 조치가 필요한지 생각해 보고 의견을 모아 봅시다. 실현 가능하고, 크게 부담이 되지 않는 것부터 실천하거나 건의해 봅시다.

"아버지께서는
이렇게 자기에게 예배하는 자들을 찾으시느니라.
하나님은 영이시니 예
배하는 자가 신령과 진정으로
예배할지니라."
요한복음 4:24

# 03 예배 대상 만나기

## 〉〉〉〉 아이스브레이크

1. 지난 주간 내가 가장 많이 생각한 사람은 누군지 생각해 보고 둘씩 짝 지어서 왜 그 사람을 가장 많이 생각했는지 나누어 보세요.

2. "하나님"이란 단어로 삼행시를 지어봅시다.

## 〉〉〉〉 삶의 흔적 나누기

CASE 1

**바램이는** 교회 예배에 참석함으로 정서적인 안정과 평안을 누리고 있다. 교회에 다니기 시작하면서 가장 좋은 것은 예배시간이다. 예배시간에는 뭔지 모를 힘을 느껴져서 마음이 안정되고 평안해진다. 바램이는 이것이 찬양대의 찬양과 예배의식이 주는 것임을 알고 있다. 교회 찬양대의 찬양과 예배의식에는 거룩함이 느껴진다. 그 거룩함이 바램이의 마음을 위로하는 것이다. 그래서 바램이는 교회에서 잘 훈련 받아서 찬양대와 예배를 섬기는 자로 서고 싶어 한다.

CASE 2

**찬양이는** 최근에 찬양팀으로 섬기면서 예배의 분위기를 좋게 하기 위해서 고민하고 있다. 좀 더 좋은 연주와 신나는 찬양으로 예배자들이 찬양을 드릴 수 있도록 하기 위해서다. 예배에 참석한 사람들이 열정적으로 찬양하지 않는 것을 보면 마음이 아프다. 열정적인 찬양이 없으면 감동과 감격이 없기 때문이다. 딱딱하고 엄숙한 분위기의 예배에서 어떤 은혜를 기대할 수 있겠는가?

3. 당신이 예배에서 집중하고 있는 것은 무엇인지 나누어 봅시다.

## 〉〉〉〉 말씀의 관점 대하기

**예수님께서는** 우리에게 "하나님 아버지를 예배하라"고 말씀하십니다. 그러므로 마땅히 우리는 하나님께 예배해야 합니다. 성경은 우리에게 예배의 대상인 하나님에 대하여 두 가지 측면이 있음을 알려주고 있습니다. 즉, 영으로서의 하나님과 아버지로서의 하나님입니다.

우리는 영이신 하나님을 예배해야 하는데, 이는 그분의 본질적인 특성을 말합니다. 그리고 아버지이신 하나님을 예배해야 하는데, 이는 그 분과 우리와의 본질적인 관계를 의미합니다. 이 두 가지, 즉 본질적인 특성과 본질적인 관계는 참된 예배에서 기본이 됩니다. 요한복음 14:6-11은 예배의 대상이 되시는 하나님에 대하여 잘 말씀해 주고 있습니다.

### 요한복음 14:6-11

> 예수께서 가라사대 내가 곧 길이요 진리요 생명이니 나로 말미암지 않고는 아버지께로 올 자가 없느니라 너희가 나를 알았더면 내 아버지도 알았으리로다 이제부터는 너희가 그를 알았고 또 보았느니라 빌립이 가로되 주여 아버지를 우리에게 보여 주옵소서 그리하면 족하겠나이다 예수께서 가라사대 빌립아 내가 이렇게 오래 너희와 함께 있으되 네가 나를 알지 못하느냐 나를 본 자는 아버지를 보았거늘 어찌하여 아버지를 보이라 하느냐 나는 아버지 안에 있고 아버지는 내 안에 계신 것을 네가 믿지 아니하느냐 내가 너희에게 이르는 말이 스스로 하는 것이 아니라 아버지께서 내 안에 계셔 그의 일을 하시는 것이라 내가 아버지 안에 있고 아버지께서 내 안에 계심을 믿으라 그렇지 못하겠거든 행하는 그 일을 인하여 나를 믿으라

4. 예수님은 참 길이요 진리요 생명입니다. 이것은 오직 예수님을 통해서만 하나님께 나아갈 수 있음을 의미합니다. 예배는 예수님을 통해서 하나님께 나아가는 것입니다. 그러므로 우리가 예수 그리스도 안에 있을 때 하나님께 나아갈 수 있고, 온전한 예배를 드릴 수 있습니다. 우리가 예수님 안에 거한다는 것은 어떤 의미일까요?

5. 하나님은 우리의 아버지이십니다. 이 하나님과 온전한 관계를 유지하기 위해서 우리가 해야 하는 일은 무엇인지 서로의 생각을 나누어 보십시오.

6. 아버지를 보여 달라고 하는 제자를 향해 예수님은 "나를 본 자는 아버지를 보았거늘"이라고 말씀하십니다. 예수님은 어떤 모습을 통해 아버지 되신 하나님을 보여주셨을지 서로 이야기 해 보십시오.

7. 제자인 빌립이 "아버지를 우리에게 보여 주옵소서 그리하면 족하겠나이다"라고 말했듯, 그 당시나 지금이나 사람들은 하나님을 보여 달라고 요구합니다. 이것은 믿음으로 보여지는 하나님이 아닌 자기 육신으로 보고 싶은 하나님을 요구하는 것과 같습니다. 사람들의 욕망이나 필요에 의해 보여지는 하나님은 우상과 같습니다. 그런 우상에게 예배하며 욕망을 키워 나가는 모습에는 어떤 것들이 있을까요? 서로의 생각을 나누어 보십시오.

## 기도로 삶 드리기

**하나님은** 거룩하십니다. 하나님의 거룩하심은 "하나님의 독특한 본질"이며 "인간 피조물과의 차이"라고 할 수 있습니다. 하나님이 거룩하시기에 드려지는 예배 또한 거룩해야 합니다. 그러므로 참된 예배를 위한 기본적인 이해는 하나님이 거룩하시다는 것입니다. 오늘날 많은 선의의 노력과 또 하나님의 거룩함이 존중되지 않으면서 진행되는 - 그러므로 잘못된 - 많은 예배들이 있습니다. 많은 멋진 노래가 불려지고, 감정과 생각과 정서들이 표현된다 할지라도 이러한 '멋진' 것은 사람을 기분 좋게 만드는 정서 활동에 불과할 뿐 하나님의 거룩함과 관계가 없습니다.

그렇다면 우리가 하나님의 거룩하심을 이해할 때 어떤 반응을 보일까요? 바로 '경건한 두려움'과 '감사'의 반응입니다.

1) 경건한 두려움의 반응

시편 96:2-9까지의 말씀을 보면 모든 예배와 찬양 후, 9절에서 "아름답고 거룩한 것으로 여호와께 예배할지어다"라고 외칩니다. 그러므로 거룩하심은 두려움과 분리되어 이해할 수 없습니다. 하나님의 거룩하심을 알게 되면 자신이 죄인임을 알게 되고, 이것이 거룩한 경외감을 낳습니다. 왜냐하면 거룩한 하나님께서는 죄인인 인간에게 거룩한 반응을 요구할 권리가 있기 때문입니다. 그러므로 참된 예배 정신은 거룩하신 하나님의 임재 가운데 압도적인 죄책감을 느끼는 것입니다.

2) 감사의 반응

하나님의 거룩하심이 우리에게 감사의 삶을 살게 하는 이유는 무엇입니까? 그것은 하나님의 거룩 앞에서 죽을 수밖에 없는 죄인인 우리를 용서해 주셨기 때문입니다. 하나님은 죄에 대해 분노하시고 징계하십니다. 죄인인 인간은 하나님의 진노 앞에서 죽을 수밖에 없는 존재입니다. 그러나 하나님게서는 인간을 용서하시고, 인간의 예배를 받아 주십니다. 이 진리가 우리로 하나님께 감사하게 합니다.

8. 거룩하신 하나님께 두려움과 감사함으로 예배를 드릴 수 있도록 기도합시다.

9. 우리가 세상이나 나 자신이 요구하는 욕망에 사로잡히지 않고, 살아계신 하나님께 예배하는 자로 불러주셨음을 감사하며 기도하십시오.

**활동 팁**

10. 눈에 보이는 것들 중 사람들이 예배의 대상으로 삼고 있는 것들은 무엇이 있는지 이야기 해 보십시오.

11. 눈에 보이지 않는 것들이지만 사람들이 예배의 대상으로 삼고 있는 것과 삼을 수 있는 것들은 무엇이 있는지 이야기 해 보십시오.

"예수께서 가라사대
내가 곧 길이요 진리요 생명이니
나로 말미암지 않고는
아버지께로 올 자가 없느니라."
요한복음 14:6

# 04 예배자 되기

## 》》》 아이스브레이크

1. 지난 주에 드린 예배에서 좋았던 것 한 가지를 서로 나누어 봅시다.

2. 예배를 위해서 준비하는 것 중에 한 가지를 서로 나누어 봅시다.

## 》》》 삶의 흔적 나누기

CASE 1

**고민이는** 지금 예배를 계속 드릴 것인지 말 것인지 갈림길에 서 있다. 최근 들어 예배 시간에 회개하고 하나님께 돌아오거나 생명을 살리는 하나님의 역사에 대하여 거의 듣지 못했기 때문이다. 그래서 "하나님이 지금도 역사하시는가?"하는 마음이 들고, 이런 마음 때문에 예배에 대한 기대감이 거의 사라졌다. 그러다 보니 의무감 때문에 예배에 형식적으로 참여하게 되고 마음은 무겁기만 하다. 사실 고민이 주위의 사람들도 예배에 대한 기대감이 없이 참석하는 듯하다. 멍하니 예배 시간에 앉아 있다가 문득 "이렇게 헛되게 시간을 허비하느니 차라리 좀 더 가치 있는 일에 투자하는 것이 낫지 않을까?"라는 생각이 자주 든다.

CASE 2

**실망이는** 오늘 공동체의 예배에 불만이 많았다. 강력하게 도전하는 말씀도 없고, 뜨거운 찬양도 없고, 열정적인 기도도 없었다. 지난 주와 다름없는 예배가 오늘도 드려진 것이다. 그래서 예배에 참석하는 것이 점점 싫어지기 시작했다. 그러다 견딜 수 없어서 그런 마음을 친구에게 말했다. 친구는 조심스럽게 "너는 예배를 드리는 것이 아니라 예배를 보러 오는 것 같다. 예배를 드리기 위해서는 마음과 삶이 준비되어야 해. 준비된 사람은 예배를 드리지, 보지 않아"라고 말했다.

순간 친구의 말이 실망이의 마음에 천둥처럼 내리쳤다. 실망이는 그 동안 예배를 준비하면서 마음과 삶을 하나님께 헌신한 적이 없었다. 당연히 예배를 드리는 것이 아니라 예배를 보러 왔기 때문이다.

3. 당신은 어떤 기대감을 가지고 예배를 드립니까? 또한 그런 기대감을 가지고 당신은 어떻게 예배를 준비합니까?

## 〉〉〉〉 말씀의 관점 대하기

**예배는** 흔히 말하듯이 '보는' 것이 아니라 '드리는' 것입니다. 예배는 관람하는 종교적 유희가 아니기 때문입니다. 예배를 드리는 것은 예배하는 자의 모든 것을 드리는 행위입니다.

예배를 드리기 위해서는 마음의 준비와 삶의 준비가 필요합니다. 물론 예배를 위해 개인적으로, 가정적으로, 공동체적으로 준비해야 하는 것이 있습니다. 그 중 가장 중요한 것은 자신이 먼저 준비가 되어야 합니다. 히브리서 10:19-25과 시편 84:1-4은 우리에게 예배를 위한 준비에 대하여 잘 말씀해 주고 있습니다.

### 히브리서 10:19-25

> 그러므로 형제들아 우리가 예수의 피를 힘입어 성소에 들어갈 담력을 얻었나니 그 길은 우리를 위하여 휘장 가운데로 열어 놓으신 새로운 살 길이요 휘장은 곧 그의 육체니라 또 하나님의 집 다스리는 큰 제사장이 계시매 우리가 마음에 뿌림을 받아 악한 양심으로부터 벗어나고 몸은 맑은 물로 씻음을 받았으니 참 마음과 온전한 믿음으로 하나님께 나아가자 또 약속하신 이는 미쁘시니 우리가 믿는 도리의 소망을 움직이지 말며 굳게 잡고 서로 돌아보아 사랑과 선행을 격려하며 모이기를 폐하는 어떤 사람들의 습관과 같이 하지 말고 오직 권하여 그 날이 가까움을 볼수록 더욱 그리하자

### 시편 84:1-4

> 만군의 여호와여 주의 장막이 어찌 그리 사랑스러운지요 내 영혼이 여호와의 궁정을 사모하여 쇠약함이여 내 마음과 육체가 살아 계시는 하나님께 부르짖나이다 나의 왕, 나의 하나님, 만군의 여호와여 주의 제단에서 참새도 제집을 얻고 제비도 새끼 줄 보금자리를 얻었나이다 주의 집에 사는 자들은 복이 있나니 그들이 항상 주를 찬송하리이다(셀라)

4. 예수님은 "하나님의 집을 다스리시는 큰 제사장"이십니다. "예수의 피"로 인해서 우리는 하나님께 나아갈 수 있습니다. 그 분을 의지하며 하나님께 나아갈 때 우리를 막을 수 있는 것은 아무 것도 없습니다. 그럼에도 당신이 하나님께 나아가는 것을 방해하는 것들은 무엇이며, 어떻게 그 방해물을 물리쳤는지(혹은 물리칠 수 있는지) 방법을 이야기해 보십시오.

5. 히브리서 10:22과 시편 24:4에서는 하나님께 예배를 드리기 위해 마음으로 준비해야 할 것을 "참 마음과 온전한 믿음", "손이 깨끗하며 마음이 청결하며 뜻을 허탄한 데에 두지 않고 거짓맹세하지 아니하는 자"라고 말합니다. 여기서 말하는 내용들이 실제적으로 무엇을 말하는지 각자 생각을 이야기 해 보십시오.

6. 하나님께 예배를 드리기 위해 우리 삶으로 준비해야 할 것은 어떤 것들이 있을까요? 아래 제시된 성경 구절들을 찾아보고, 여기서 말하는 태도가 어떤 의미인지 토의해 보십시오.

- 마태복음 5:23-24
- 요한복음 14:6
- 히브리서 7:24-25

7. 예배는 믿음의 성도들과 함께 드리는 것을 통해 더욱 풍성해 집니다. 히브리서 10:23-25은 "우리가 믿는 도리의 소망을 움직이지 말며 굳게 잡고 서로 돌아보아 사랑과 선행을 격려하며 모이기를 폐하는 어떤 사람들의 습관과 같이 하지 말고 오직 권하여"라고 당부합니다. 우리가 속한 믿음의 공동체가 함께 예배자로 서기 위해 필요한 것들은 무엇인지 토의해 보십시오.

**예수님의** 성육신과 죽음, 부활과 승천을 통해서 죄인인 우리가 하나님께 "신령과 진정으로" 예배를 드리는 것이 가능해졌습니다. 우리가 하나님이 하시는 말씀을 듣고자 사모하여 적극적으로 기도하면서 하나님께 나아가면 하나님은 우리를 말씀으로 만나 주실 것입니다. 말씀을 듣고 겸손히 성령을 의지하면 진정한 예배가 이루어질 것입니다.*

그러나 하나님을 경배하고자 하는 마음과 아름다운 예배의 행위가 따르지 않는다면 예배에 대한 어떠한 지식도 아무 소용이 없습니다. 우리의 마음과 삶이 준비되어야 합니다. 우리 마음 가운데 "참 마음"과 "온전한 믿음"으로 하나님께 나아가야 합니다. 그리고 "우리가 마음에 뿌림을 받아 양심의 악을 깨닫고", 하나님께 회개하며, "몸을 맑은 물로 씻으며", 삶으로 하나님께 나아가야 합니다.

우리가 순종하는 마음과 삶으로 주님을 기쁘게 경배하면, 우리는 놀랍게도 예배의 영광 속에 날마다 거할 수 있습니다. 하나님께서는 우리의 예배를 받으실 뿐만 아니라 우리를 기쁘게 만나 주실 것입니다.**

8. 예수님의 십자가 은혜로 말미암아 우리가 하나님께 나아갈 수 있습니다. 이 은혜를 기억하며 우리 가운데 예배에 대한 기대와 감격이 날마다 더하도록 기도합시다.

* R. T 켄달, 『예배에 숨겨진 비밀』(서울: 예수전도단, 2005), 82.

** 백석기, 『예배』(서울: 프리셉트, 1992), 75.

9. 예배는 마음과 삶이 준비되어서 드려야 합니다. 우리 마음과 삶이 예배에 합당하도록 결단하면서 기도합시다.

〉〉〉〉 **활동 팁**

10. 당신이 하나님을 참 마음과 온전한 믿음으로 경배하기 위해서 결심한 사항을 적어서 조모임에서 나누어 봅시다.

11. 예배 시에 당신에게 있어서 가장 미흡한 점은 무엇입니까? 그것을 해결하기 위해서 당신은 어떤 일을 하겠습니까? 구체적인 해결책들을 적고, 실천해봅시다.

"또 하나님의 집 다스리는 큰 제사장이 계시매
우리가 마음에 뿌림을 받아
악한 양심으로부터 벗어나고 몸은 맑은 물로 씻음을 받았으니
참 마음과 온전한 믿음으로
하나님께 나아가자."
히브리서 10:21-22

# 05 예배하는 삶으로 나아가기

## 〉〉〉〉 아이스브레이크

1. 당신은 이번 한 주간의 삶에 만족하십니까? 당신의 만족도를 100점 만점으로 할 때 몇 점을 줄 수 있습니까?

2. 최근에 다른 사람들의 필요를 채워준 경험이 있나요? 있다면 서로 나누어 보시고, 없다면 돕고 싶은 사람들이 누구인지 나누어 봅시다.

## 〉〉〉〉 삶의 흔적 나누기

**낙심이는** 요즘 교회에서 벌이고 있는 행사 때문에 마음이 무척 불편하다. '총력 전도주일', '40일 특별 새벽기도회' 등의 행사가 필요하다는 것은 알지만, 진행 방식이 너무 세속적이라는 생각 때문이다. 전도하는 사람의 숫자에 따라 세탁기, 냉장고 등의 경품이 있고, 새벽기도회도 모두 출석하면 금 5돈을 준다고 광고하기 때문이다. 성도들이 전도와 기도에 열심을 내게 하는 것은 좋지만, 이런 식으로 하는 것은 뭔가 성경적이지 않다는 생각이 든다. 그렇다고 대놓고 반박하기도 어려운 분위기라 생각할수록 낙심만 된다.

**낙심이는** 교회 친구를 놓고 기도하고 있다. 그 친구는 교회에 대한 사랑도 많고 생각도 많은 친구인데, 성도들의 신앙생활이 너무 세속적이고 가식적이라고 말했기 때문이다. 열심이는 찬양을 할 때 도저히 앉아 있을 수가 없어서 일어나서 찬양을 했고, 아르바이트를 하거나 용돈을 받으면 꼭 십일조와 감사를 드렸다. 하지만 그것이 타인을 의식했다거나 복 받기 위한 수단으로 드린 것은 아니다. 아마도 그 친구는 성도들 중 예배와 찬양과 헌금을 의무적으로 하거나 혹은 어떤 목적을 위해 드리는 것을 보고 오해한 것으로 보인다. 그래서 그 친구의 교회에 대한 사랑이 자칫 비판적인 시각으로 가지 않도록 해 달라고 기도하고 있다.

3. 낙심이나 열심이의 상황을 생각하면서 자신이 그 경우라면 어떻게 했을지 이야기 해 보십시오.

## 〉〉〉〉 말씀의 관점 대하기

**우리의** 소망은 평범한 일과 평범한 예배를 포함하여 주님을 위한 모든 일이 헛되지 않을 것이라는 하나님의 약속에 있습니다. 그 모든 것은 어느 날 부활과 더불어 성취되고 완성될 것입니다. 사도 바울은 "그러므로 내 사랑하는 형제들아 견고하며 흔들리지 말며 항상 주의 일에 더욱 힘쓰는 자들이 되라 이는 너희 수고가 주 안에서 헛되지 않은 줄을 앎이니라"(고전 15:58)고 말씀합니다. 이 말씀에서 '주의 일'은 자선 행위나 복음 증거와 같은 기독교적인 일입니다. '헛되지 않은 일들'의 범주에 포함시킬 수 있는 '주의 일'은 로마서 15:14-19에 그리고 빌립보서 4:14-20에 구체적으로 나타납니다. 성경이 그리스도인의 생활에 대하여 가르치는 것은 모든 삶은 거룩하며 우리가 하는 모든 것은 예배로서 행해져야 한다는 것입니다.

* 벤 패터슨, 『일과 예배』, (IVP:서울, 1997), 193 참고.

## 로마서 15:14-19

> 내 형제들아 너희가 스스로 선함이 가득하고 모든 지식이 차서 능히 서로 권하는 자임을 나도 확신하노라 그러나 내가 너희로 다시 생각나게 하려고 하나님께서 내게 주신 은혜로 말미암아 더욱 담대히 대략 너희에게 썼노니 이 은혜는 곧 나로 이방인을 위하여 그리스도 예수의 일꾼이 되어 하나님의 복음의 제사장 직분을 하게 하사 이방인을 제물로 드리는 것이 성령 안에서 거룩하게 되어 받으실 만하게 하려 하심이라 그러므로 내가 그리스도 예수 안에서 하나님의 일에 대하여 자랑하는 것이 있거니와 그리스도께서 이방인들을 순종하게 하기 위하여 나를 통하여 역사하신 것 외에는 내가 감히 말하지 아니하노라 그 일은 말과 행위로 표적과 기사의 능력으로 성령의 능력으로 이루어졌으며 그리하여 내가 예루살렘으로부터 두루 행하여 일루리곤까지 그리스도의 복음을 편만하게 전하였노라

## 빌립보서 4:14-20

> 그러나 너희가 내 괴로움에 함께 참여하였으니 잘하였도다 빌립보 사람들아 너희도 알거니와 복음의 시초에 내가 마게도냐를 떠날 때에 주고 받는 내 일에 참여한 교회가 너희 외에 아무도 없었느니라 데살로니가에 있을 때에도 너희가 한 번뿐 아니라 두 번이나 나의 쓸 것을 보내었도다 내가 선물을 구함이 아니요 오직 너희에게 유익하도록 풍성한 열매를 구함이라 내게는 모든 것이 있고 또 풍부한지라 에바브로디도 편에 너희가 준 것을 받으므로 내가 풍족하니 이는 받으실 만한 향기로운 제물이요 하나님을 기쁘시게 한 것이라 나의 하나님이 그리스도 예수 안에서 영광 가운데 그 풍성한 대로 너희 모든 쓸 것을 채우시리라 하나님 곧 우리 아버지께 세세 무궁하도록 영광을 돌릴지어다 아멘

4. 바울은 "이방인을 제물로 드리는 것"이 "성령 안에서 거룩하게 되어 받으실 만한 것"이라고 말씀합니다. 이는 전도와 선교가 예배의 개념으로 설명되고 있는 것입니다. 어떻게 전도와 선교가 하나님께 드리는 예배가 될 수 있습니까?

5. 바울은 빌립보 교회가 자신에게 한 헌금을 "향기로운 제물이요 하나님을 기쁘시게 한 것"이라고 말합니다. 공적인 예배에서 드리는 헌금뿐만 아니라 개인적인 목적의 헌금 또한 예배의 한 부분임을 알 수 있습니다. 그렇다면 공적인 예배시의 헌금만 아니라 개인적으로 예배처럼 드려질 수 있는 재물사용(헌금)에는 어떤 것들이 있을까요?

6. 예배에는 찬양, 기도, 말씀, 헌금 등의 다양한 순서가 있고, 각각의 순서는 나름의 의미가 있습니다. 공적으로 모여 드려지는 예배의 순서들이 우리의 삶에서 어떤 모습으로 나타날 수 있을지 서로의 생각을 나누어 보십시오.

7. 예배는 하나님께서 그의 백성에게 베푸신 구원의 은혜에 감격하여 구원받은 자들이 드리는 것입니다. 그런데 예배를 의무적으로 드리거나 혹은 세속적인 목적을 가지고 드려지는 이유가 무엇이라고 생각합니까? 예배가 예배답게 드려질 수 있도록 예배와 삶이 어떻게 연결되어야 한다고 생각합니까?

## 》》》 기도로 삶 드리기

**예배에는** 다양한 순서들이 있지만, 크게 보면 우리가 하나님께 드리는 것과 하나님께로부터 받는 것으로 나눌 수 있습니다. 찬양, 기도, 헌금 등이 하나님께 드리는 것이라면, 사죄의 선포, 말씀, 축복 등은 하나님께 받는 것들입니다. 이처럼 예배는 그의 백성된 성도들과 아버지 되시는 하나님이 서로 주고받는 아름다운 관계로 이루어집니다.

'하나님 앞에서'(CORAM DEO)라는 말은 일상의 삶에서 하나님과 관계를 맺고 살아가는 삶을 말합니다. 하나님 앞에서 행하는 사람은 기도로, 말씀 묵상으로, 찬양으로, 성령께 민감함으로 살게 되며, 하나님과 서로 주고 받는 아름다운 관계를 맺게 됩니다. 이것이 바로 삶의 예배 혹은 예배하는 삶입니다.

8. 의식적인 예배의 모든 순서를 통해 온전히 하나님을 만나고 관계하며, 예배자의 기쁨을 누리게 하소서.

9. 삶의 모든 순간마다 하나님 앞에서 행하게 하시며, 그로 말미암아 삶의 예배가 온전히 하나님께 드려지게 하소서.

### 〉〉〉〉 활동 팁

**경건한** 기독교 사상가인 도로시 세이어즈는 "잘 수행된 선한 일만이 기독교적인 일이라고 할 수 있다"고 말했습니다.** 이 말을 적용해 볼 경우, 어떤 일이 선한 일이라면 그 일을 잘해야 한다는 결론이 나옵니다. 그렇다면 "일하는 자의 최우선적인 의무는 그 일을 잘 섬기는 것"입니다. 당신이 하고 있는 일이 하나님이 원하시는 일이라면, 그 일에서 하나님을 섬기는 최선의 방법은 당신이 하는 일을 전적으로 섬기는 것입니다.

10. 주보에 있는 예배순서를 하나님께 드리는 것과 받는 것으로 분류해보고, 각각의 요소가 얼마나 차지하고 있는지 살펴보십시오. 그리고 하나님께 드려지는 요소인 찬양, 기도, 헌금을 각각 10점 만점으로 할 때 몇 점을 줄 수 있는지 생각해서 기록해 보십시오.

11. 우리의 일상 가운데 하나님께 드려지는 요소인 찬양, 기도, 헌금이 어떤 형식으로 나타날 수 있는지 서로의 생각을 나누어 보십시오.

"이 은혜는 곧 나로 이방인을 위하여
그리스도 예수의 일꾼이 되어
하나님의 복음의 제사장 직분을 하게 하사
이방인을 제물로 드리는 것이 성령 안에서
거룩하게 되어 받으실 만하게
하려 하심이라." 로마서 15:16

** Dorothy Sayers, *"Why Work?" in Creed or Chaos?*(New York: Harcourt, Brace, 1949), 59; 벤 패터슨, 『일과 예배』(IVP: 서울, 1997), p. 124에서 재인용.

*** Ibid., 124에서 재인용

# 06 예배, 그 후

## 아이스브레이크

1. 『아무도 보는 이 없을 때 당신은 누구입니까?』란 제목의 책이 있습니다. 아무도 보는 사람이 없을 때 당신의 모습이 어떠한지 소개해 봅시다.

2. 당신의 생활 중에서 선행과 나눔은 몇 퍼센트 를 차지합니까? 당신의 선행과 나눔 지수(%)를 서로 나누어 봅시다.

## 삶의 흔적 나누기

**의문이는** 최근 들어 일상생활을 통해 예배를 드려야 한다는 이야기를 자주 들었다. 하지만 일반적인 일상생활이 하나님을 예배할 수 있는 것인지 자꾸 의문이 든다. 밥 먹고, 잠자고, 휴식하고, 친구 만나는 일이 예배와 같은 가치가 있는 일일까? 물론 공부나 일, 친구를 만나서 격려하는 일 등에 대해서는 생각해 볼 만하다. 그러나 생활의 작은 부스러기 같은 일들로 하나님을 예배한다는 것은 아무리 생각해도 쉽게 납득이 가지 않는다.

**실천이는** 요즘 "삶이 예배요, 호흡이 기도다"라는 생각으로 살아가고 있다. 이제까지 예배는 주일에 한번 모여서 드리는 것이라고 생각했지만, 지난 번 목사님의 말씀에 충격을 받은 후론 매일의 삶을 예배드리는 마음으로 살고 있다. 목사님은 정말 중요한 것은 예배를 드리는 그 시간이 아니라 '예배와 예배 사이'라고 말씀하셨다. 즉, 주일의 예배가 온전한 예배가 되기 위해서는 주일과 주일 사이에 있는 평일을 어떻게 보내는가가 중요하다는 말씀이셨다. 평일의 삶을 예배로 드리지 않고서는 주일의 예배가 온선한 예배가 될 수 없다는 것이었다.

3. 일상생활이 하나님께 예배가 될만한 신앙적 가치를 가질 수 있다고 생각하십니까? 그렇다면 어떤 근거에서 그러합니까?

### 》》》 말씀의 관점 대하기

**우리는** 일주일 중 6일을 엉망으로 살다가 주일만 경건하게 행동하는 것에서 벗어나야 합니다. 그러기 위해서는 우리의 삶에 하나님의 말씀을 적용하는 것이 필요합니다. 교회의 예배가 아무리 부흥할지라도, 그 교인의 삶이 말씀을 따르지 않는다면 의미가 없습니다.*

예배의식과 생활의 괴리, 이것은 이스라엘 백성의 문제이기도 했습니다. 그래서 선지자들은 이러한 이중적 삶의 태도를 통렬히 비판했으며, 이스라엘 백성의 삶이 예배 정신과 일치해야 한다는 것을 안타까운 심정으로 외쳤습니다(이사야 1:11, 16, 17; 미가 6:8).

이사야와 미가 선지가가 외치는 것은 우리의 생활이 예배 정신과 일치해야 한다는 것입니다. 우리는 계속해서 신령과 진리로 공적 예배를 드려야 하되, 그러한 예배 정신이 예배 이후의 일상적인 삶과 생활 영역 가운데 그대로 반영되어야 합니다.** 하나님은 "순종이 제사보다 낫다"고 말씀하십니다. 그리고 히브리서와 로마서에서는 우리 삶을 하나님께 드리는 것을 '영적예배', '산제사'라고 말합니다.

* R. T 켄달, 『예배에 숨겨진 비밀』(서울: 예수전도단, 2005), 246.

** 송인규, 『아는 만큼 누리는 예배』(서울: 홍성사, 2003), 216.

히브리서 13:15-17

"그러므로 우리는 예수로 말미암아 항상 찬송의 제사를 하나님께 드리자 이는 그 이름을 증언하는 입술의 열매니라 오직 선을 행함과 서로 나누어 주기를 잊지 말라 하나님은 이 같은 제사를 기뻐하시느니라 너희를 인도하는 자들에게 순종하고 복종하라 그들은 너희 영혼을 위하여 경성하기를 자신들이 청산할 자인 것 같이 하느니라 그들로 하여금 즐거움으로 이것을 하게 하고 근심으로 하게 하지 말라 그렇지 않으면 너희에게 유익이 없느니라"

로마서 12:1-2

"그러므로 형제들아 내가 하나님의 모든 자비하심으로 너희를 권하노니 너희 몸을 하나님이 기뻐하시는 거룩한 산 제물로 드리라 이는 너희가 드릴 영적 예배니라 너희는 이 세대를 본받지 말고 오직 마음을 새롭게 함으로 변화를 받아 하나님의 선하시고 기뻐하시고 온전하신 뜻이 무엇인지 분별하도록 하라"

4. 하나님은 찬송의 제사를 기뻐하십니다. 그렇다면 우리가 드릴 수 있는 찬송의 제사는 어떤 것들이 있을까요? 참고로 제시된 성경에서 찬송의 제사를 찾아보시고, 각자 생각나는 대로 일상 속에서 드리는 구체적인 찬송의 제사를 이야기 해 보십시오(히 13:16; 롬 12:1; 시 50:23; 시 51:17).

5. 하나님께서 받으실 만한 영적 예배는 우리 몸을 거룩한 산제사로 드리는 것입니다. 이러한 산제사를 로마서 12:2에서는 무엇이라고 말하며, 그것을 각자 자신의 말로 풀어서 이야기 해 보십시오.

6. 우리의 몸을 산 제물로 하나님께 드릴 때 우리는 더 이상 자신의 이기적 욕망에 사로잡힌 삶을 살지 않고, 하나님의 뜻을 따라 살아가게 됩니다. 갈라디아서 2:20에서는 이것을 무엇으로 비유하고 있습니까? 그리고 "하나님의 아들을 믿는 믿음 안에서 산다"는 것이 무엇인지 토의해 보십시오.

7. 당신의 삶의 현장인 가정, 교회, 학교, 사회에서 어떻게 거룩한 모습으로 살아갈 수 있다고 생각합니까? 골로새서 3:23과 로마서 14:8을 참고해서 해답을 찾아보시고, 그 외에 어떤 방법이 있는지 이야기 해 보십시오.

## 〉〉〉〉 기도로 삶 드리기

**신약적** 의미의 제사란 그리스도인이 자신의 몸을 바치는 것입니다. 그러므로 몸으로 하는 모든 일, 행동, 활동은 영적 예배가 됩니다. 자신을 하나님께 바친다는 근본적 헌신의 자세만 우리에게 갖추어져 있다면, 우리의 몸이 참여하는 영역이 종교적(공적 예배, 큐티, 신우회 모임, 기도회 등)이든 일상적(휴식, 실험, 공부, 여행, 물건 구입, 헬스클럽 이용, 설거지, 회의 등)이든 간에 이 모든 활동은 얼마든지 영적 예배로 분류될 수 있습니다.

골로새서 3:22-24은 우리가 행하는 일상사조차도 예배의 가치를 갖고 있음을 보여 줍니다. "종들아 모든 일에 육신의 상전들에게 순종하되 사람을 기쁘게 하는 자와 같이 눈가림만 하지 말고 오직 주를 두려워하여 성실한 마음으로 하라 무슨 일을 하든지 마음을 다하여 주께 하듯 하고 사람에게 하듯 하지 말라 이는 기업의 상을 주께 받을 줄 아나니 너희는 주 그리스도를 섬기느니라"***

8. 예배 이후의 6일 동안 말씀에 순종하는 생활이 되도록 결단하고 기도합시다.

*** 송인규, 『아는 만큼 누리는 예배』, 220.

9. 말씀에 순종하는 삶은 선한 일을 행하고, 나누어 주는 삶을 사는 것입니다. 나의 삶 가운데서 이러한 순종하는 삶이 온전하게 이루어지도록 기도합시다.

**》》》 활동 팁**

**온전한** 예배를 어떻게 드릴 수 있나요? 개인적 차원의 훈련이 필요합니다. 에베소서 4:1-2은 "그러므로 주 안에서 갇힌 내가 너희를 권하노니 너희가 부르심을 입은 부름에 합당하게 행하여 모든 겸손과 온유로 하고 오래 참음으로 사랑 가운데서 서로 용납하고"라고 말합니다. 우리는 구체적인 인간 관계와 공동체 속에서 이런 삶을 살아야 합니다.

10. 당신의 인간관계 가운데서 겸손과 온유, 오래 참음과 사랑으로 행할 수 있는 구체적인 실천사항들을 10가지 적고 실천해 봅시다.

11. 당신의 공동체에서 서로 용납하기 위해서 필요한 것들 10가지를 적고 공동체에서 나누어 봅시다.

"그러므로 우리는 예수로 말미암아
항상 찬송의 제사를 하나님께 드리자.
이는 그 이름을 증언하는 입술의 열매니라.
오직 선을 행함과 서로 나누어 주기를 잊지 말라.
하나님은 이 같은 제사를 기뻐하시느니라." 히브리서 13:15-16

# 해설 가이드

### 〉〉 이 교재의 특징

이 교재는 ≪하나님나라 가치 시리즈≫ 중 '하나님을 경외하는 사람들' 로서, 예배하는 삶에 대하여 강조하고 있습니다. 예배는 하나님을 경외하는 최고의 방법입니다. 이 교재에서는 하나님을 경외하는 사람으로서 예배하는 삶을 어떻게 살아갈 것인가에 집중하고 있습니다. 그러기 위해서 예배의 의미와 근원, 예배의 본질을 알아봄으로 예배가 무엇인지 살피고 있습니다. 이어서 예배의 대상, 예배자의 헌신에 대하여 살펴봄으로 참된 예배를 드릴 수 있도록 이끌고 있습니다. 그리고 예배하는 삶, 예배 이후의 삶을 통해서 의식으로서의 예배가 아니라 삶으로서의 예배에 대해 이해할 수 있도록 했습니다. 그러므로 이 교재를 통해서 참된 예배를 깨닫고, 참된 예배를 드리는 삶을 살 수 있도록 훈련할 수 있을 것입니다.

이 교재는 이론적인 예배에 관해서 깊이 이해하는 것이 목표가 아닙니다. 그보다는 예배에 관한 지식을 통해서 예배하는 삶을 살도록 하는 것에 목적이 있습니다. 따라서 예배에 관한 이론적인 지식보다는 예배하는 삶에 대하여 더 많이 나눌 수 있기를 바랍니다. 이 교재에서 다루는 모든 부분을 빠짐없이 나누면서 '기도로 삶 드리기' 와 '활동 팁' 을 한 주 동안 실천하고, 다음 시간에 나누면 효과적으로 운영할 수 있을 것입니다.

## 1. 예배 알아가기

### 〉〉 이 과의 목표

이 과의 목표는 예배의 의미와 근원에 대하여 성경적으로 이해하는 것입니다. 죄인인 인간이 하나님을 예배할 수 있는 것은 예수 그리스도를 통해 구원을 받았기 때문입니다. 따라서 예배의 근원은 예수 그리스도를 통한 구원입니다.
우리는 예수 그리스도를 통하여 하나님께 찬양과 영광을 돌릴 수 있는데, 예배의 의미가 바로 여기에 있습니다. 이 과를 통해서 예배의 의미와 근원을 이해할 수 있기를 바랍니다. 이 과의 목표는 하나님나라의 백성으로 부르심을 받은 그리스도인은 오직 하나님나라의 가치를 자신의 삶의 영역에서 실현하기 위해 책임 있는 의식을 가지고 살아야 함을 이해하는데 있습니다. 모든 그리스도인은 자신의 삶의 영역에서 부르심을 입은 청지기로서 우리 삶의 주인 되신 '하나님의 뜻'을 이루어가기 위한 책임의식을 가지고 살아가야 합니다. 그러나 안타깝게도 오늘날 대부분의 그리스도인들은 하나님의 뜻보다는 자신의 기대와 소망과 욕구가 채워지기를 간구하며 살아가는 모습을 많이 보게 됩니다. 세상 사람들과는 다른 삶을 추구해야 할 그리스도인들이 그들을 본받아 똑같은 것을 추구하며 살아간다면, 더 이상 하나님의 영광을 위한 청지기로서의 삶을 살아갈 수 없습니다. 비록 쉽지는 않겠지만, 자신의 삶의 영역에서 하나님나라의 가치를 실현함으로써 하나님께 영광을 돌리는 삶의 변혁이 필요합니다. 이 과를 통해 우리 공동체(혹은 소그룹)가 자신의 영역에서 책임 있는 삶을 감당하기 위해 필요한 것이 무엇인지를 점검해 볼 수 있기를 바랍니다.

## 〉〉 아이스브레이크

1. 소중하게 여기는 물건은 그 사람에게 의미가 있습니다. 선물을 준 사람이 의미가 있든지, 그 선물이 귀중한 것이든지, 혹은 그 선물을 받게 된 배경에 의미가 있을 수도 있습니다. 자신에게 소중한 물건을 소개하면서 그 의미를 나누어 보십시오.

2. 사람들이 소중하게 여기면서 꼭 가지고 싶어 하는 대상은 그 사람에게 경배의 대상이 될 수 있습니다. 세상에는 사람들의 경배의 대상이 되는 것들이 많이 있습니다. 경배의 대상이 되는 것들을 나누면서 예배의 의미를 생각할 수 있도록 이끄십시오.

## 〉〉 삶의 흔적 나누기

초신이가 가지는 의문은 예배에 처음 참석하는 사람이라면 흔히 가질 수 있는 질문입니다. 때문에 초신이의 의문은 예배에 대한 이해가 없는 모든 사람이 가질 수 있는 질문이기도 합니다. 사실 예배 시간에 행하는 모든 의식에는 각각 의미가 있습니다. 그 의미를 바로 이해하고 깨달을 때 참된 예배자로서 예배에 참여할 수 있습니다.

기신이의 경우 "예배를 드릴 수 있는 사람은 누구인가?"라는 질문을 던집니다. 사실상 이미 믿고 있는 성도들은 아무런 어려움 없이 쉽게 예배에 참석하고, 예배를 드립니다. 그러나 성도들이 쉽게 예배에 참석하고 예배를 드릴 수 있게 된 것은 하나님이 그렇게 해 주셨기 때문입니다. 영이신 하나님을 예배하기 위해서는 합당한 조건과 방법이 필요합니다. 이것은 예배의 근원과 의미와 관계된 근본적인 것입니다.

3. 자신이 가진 예배에 대한 생각을 솔직하게 나누는 것이 중요합니다. 예배의식이 가지는 의미와 예배를 드릴 수 있는 자격과 배경에 대하여 솔직한 이야기를 나누면서 자신이 가진 생각들을 정리하면 좋을 것입니다.

### 〉〉 말씀의 관점 대하기

예배는 창조주 하나님 앞에 절하고, 구원의 반석이신 하나님을 노래하며, 그 하나님께 감사하는 것입니다. 시편 95:1-7은 창조주요 구원자이신 하나님께 합당한 영광을 돌리는 것이 예배임을 분명하게 말씀해 주고 있습니다.
하나님께서는 우리를 구원하셔서 우리의 예배를 받으십니다. 구원은 우리가 하나님께 예배할 수 있는 근원입니다. 죄사함과 구원을 얻지 못하면, 우리는 하나님을 예배할 수 없습니다. 이사야서 말씀은 구원하시는 하나님과 그 구원을 통하여 영광 받으시는 하나님을 보여주고 있습니다.

4. "예배란 하나님께서는 찬양받으시고 그의 교회는 축복을 받는, 하나님과 하나님 백성 사이에 규정된 연합 집회다"라고 제임스 드 종은 정의합니다. 그리고 시편 기자는 창조주이며 구원자이신 하나님께 합당한 경배를 드리는 것이 예배임을 말씀해 줍니다. 따라서 예배는 하나님께 합당한 경의와 존경을 드리는 것이라 할 수 있습니다. 이것이 찬양과 경배의 의식으로 나타납니다.

5. 하나님은 사람들 중에서 우리를 택하여 '제사장과 레위인' 으로 삼으셨습니다. 그리고 우리가 "하나님 앞에 나아와 예배"하게 하십니다. 그러므로 예배하는 자는 하나님의 택하심을 받아 구원받은 하나님의 백성들입니다. 그 백성들이 하나님께 예배하는 것입니다. 하나님은 우리를 백성 삼으시기 위해 예수 그리스도를 통해 죄를 사하시고 구원해 주셨습니다. 그리하여 구원받은 백성인 우리가 예배를 통해서 하나님께 경배하게 하셨습니나.

6. 구원을 받은 사람만이 예수님의 영인 성령을 받습니다. 그 성령을 통하여 우리

는 영이신 하나님을 예배할 수 있습니다. 그리고 성령을 통하여 우리는 하나님의 말씀을 믿는 믿음을 가질 수 있고, 예수 그리스도를 통한 하나님의 사랑과 그 행하심을 깨달을 수 있습니다. 이 모든 일을 깨닫고 체험한 이후에야 우리는 하나님을 예배할 수 있습니다. 그렇기에 구원이 예배의 기초임을 우리는 알 수 있습니다.

### 〉〉 기도로 삶 드리기

우리가 하나님께 예배드릴 수 있는 것은 예수 그리스도의 구원을 통해서 된 것임을 기억하고, 창조주이며 구원자이신 하나님께 합당한 예배를 드릴 수 있도록 결단하십시오.

7. 창조주이며 구원자이신 하나님께 온전한 마음과 참된 경배를 드리도록 기도하십시오.

8. 죄사함과 구원을 통해서 영생을 주시는 하나님께 감사하며, 평생 동안 그 하나님께 예배하기를 결단하며 기도하십시오.

### 〉〉 활동팁

9. 교회 주보에는 예배 의식이 잘 정리되어 있습니다. 그 의식들을 찾아보고 생각해 봄으로 예배의 의미가 무엇인지 생각해 보십시오.

10. "예배를 드린다"라고 말하는 행위가 어떤 의미인지 잘 모를 수 있습니다. '드린다'는 단어의 의미를 함께 찾아보고, "예배를 드린다"고 했을 때의 의미를 공유해 보는 기회로 삼으십시오.

## 2. 예배 안으로 들어가기

### 〉〉 이 과의 목표

이 과의 목표는 예배의 본질이 성령과 진리로 드리는 것임을 깨닫고 예배의 본질을 회복하는 것입니다. 오늘날 예배는 여러가지 요인으로 인해 혼탁해졌고 그로 인해서 많은 문제들이 발생하고 있습니다. 따라서 예배 본질의 회복이 무엇보다 필요한 때입니다.

이 과를 통해서 예수 그리스도 안에서 성령을 통하여 드리는 예배의 본질을 깨닫고, 각자의 예배가 회복되도록 하십시오. 그리고 각자가 속한 공동체의 예배가 회복되도록 결단하십시오.

## 〉〉 아이스브레이크

1. 우리 모두는 예배에 대한 느낌이 있습니다. 예배에 대한 느낌을 색깔로 표현해 봄으로 예배를 생각해 보십시오. 그 예배가 따뜻한 느낌인지, 차가운 느낌인지, 무거운 느낌인지, 가벼운 느낌인지, 감동적인지 여러 가지 색깔로 표현함으로 자신의 느낌을 나누십시오.

2. 예배를 드리는 자신의 태도를 생각해 보는 질문입니다. 몇 점인지 환산하는 과정에서 자신의 예배 태도를 돌아보게 됩니다. 자신의 마음과 태도를 스스로 평가해 봄으로 예배를 드리는 자신의 참 모습을 발견할 수 있을 것입니다.

## 〉〉 삶의 흔적 나누기

허둥이와 흥미의 이야기는 오늘날 흔히 나타나는 예배자의 모습입니다. 예배에 대한 아무런 기대와 준비가 없을 때 지각을 하기 쉽고, 당연히 예배를 통해 누릴 수 있는 은혜를 못 누리게 됩니다.

흥미의 문제는 예배를 흥미 위주로 생각하면서 나타나는 문제입니다. 언제부터인가 예배 가운데 사람들의 관심을 끌기 위해서 감정에 호소하는 측면이 강해졌습니다. 이 두 경우는 예배의 본질이 무엇인지 모를 때 나타나는 대표적인 문제입니다. 그 외에도 많은 문제가 있을 수 있습니다. 이 두 경우를 살펴봄으로 지금 현재 우리가 드리는 예배를 생각하고, 예배의 본질을 생각하는 시간이 되도록 합시다.

3. 현재 드리는 예배에 대하여 생각해 볼 수 있도록 인도하면 됩니다. 자유롭게 의견을 나누되 너무 비판적인 방향으로 흐르지 않도록 주의해서 인도하세요.

## 〉〉말씀의 관점 대하기

요한복음 4: 19-26은 예수님이 직접 예배가 무엇인지 말씀해 주신 것으로 예배의 본질을 가르치는 대표적인 말씀입니다. 또한 당시 사마리아와 예루살렘에서 드려지던 구약적 예배를 넘어선 새로운 예배를 말씀하신 것이기에 중요합니다. 이를 통해 구약의 예배가 아니라 새 시대의 예배를 가르쳐 주고 있습니다. 그렇기에 이 말씀은 새로운 예배의 본질을 담고 있습니다. 예배의 본질이 무엇입니까? 예배의 본질은 신령과 진정으로 드리는 것에 있습니다.

4. 예배의 주인이 누구인지 묻는 질문입니다. 예배의 주인은 인간이 아니라 하나님입니다. 영이신 하나님이 주인이시고, 그 하나님이 예배를 받으십니다. 하나님이 예배의 주인이심이 예배 의식 모든 부분에서 드러나야 합니다.

5. 바른 예배자는 신령과 진정으로 예배합니다(요 4:24). 신령과 진정으로 예배한다는 것은 성령과 진리로 예배하는 것입니다. 요한복음에서 진리란 예수 그리스도를 말합니다. 그렇기에 이것을 다른 말로 표현한다면, "예수 그리스도 안에서 성령을 통하여 예배한다"라고 할 수 있습니다. 예수님을 통해서 구원을 얻은 백성이 예수님의 영이신 성령으로 하나님께 예배하는 것입니다.

6. 하나님은 영이십니다. 영이신 하나님께 예배드리기 위해서는 진리 안에서 성령으로 예배를 드려야만 합니다. 예배는 결코 사람 중심으로 드려서는 안 됩니다. 사람의 감정과 마음을 달래는 것이 예배가 아닙니다. 진리의 말씀을 듣고 순종하며, 성령을 통하여 영이신 하나님을 찬양하는 것이 예배입니다. 그러한 예배는 형식과 내용이 조화롭게 짜여 있습니다. 예배자와 예배의 주인의 관계도 조화롭습니다. 이 모든 것이 성령을 통하여 유기적으로 이루어져 있습니다.

7. 구약의 제사는 장소, 시간, 형식에 제한을 받았습니다. 그러나 예수님이 가르치신 예배는 그 세 가지 영역에서 자유롭습니다. 먼저, 장소적인 측면에서 자유롭게 되었습니다. 이스라엘 백성들은 예루살렘 성전에만 하나님이 임재하시기 때문에 그곳에서만 예배를 드려야 한다고 생각했습니다. 그러나 예수님은 하나님은 영이시기 때문에 장소에 제한을 받지 않는다고 말씀하십니다. 영이신 하나님께 우리는 성령을 통하여 어디에서나 예배를 드릴 수 있습니다.

둘째, 시간적인 문제에서도 자유롭습니다. 안식일만 예배를 드려야 하는 것이 아니라 우리에게 주어진 모든 시간에 하나님을 예배할 수 있습니다.

셋째, 형식의 문제에서도 자유롭습니다. 중요한 것은 형식이 아니라 예배자의 마음과 영혼에 있습니다. 구원받은 백성은 내주하시는 성령을 통하여 예배하기 때문에 형식을 넘어선 예배를 드릴 수 있습니다.

### 〉〉 기도로 삶 드리기

신령과 진리로 드려지는 참 예배의 회복을 갈망하며, 예배 회복의 도구로 쓰임받기를 결단하며 기도합시다.

8. 예배의 회복을 위한 기도입니다.

9. 참 예배자로 결단하는 기도입니다.

### 〉〉 활동팁

10. 예배에 늦지 않도록 하는 교회석 내안을 찾아보면서 스스로 예배에 늦지 않도록 결단하고, 실천할 수 있도록 합시다.

11. 온 마음과 정성을 드려서 예배를 드릴 수 있는 방법을 생각해 보고, 실천할 구체적인 방법을 찾는 것에 집중하기를 바랍니다.

## 3. 예배 대상 만나기

### 〉〉 이 과의 목표

이 과의 목표는 예배의 대상이신 하나님의 본질적인 특성과 예배자인 우리와의 본질적인 관계가 무엇인지를 깨닫는데 있습니다. 예배의 대상이 되시는 하나님은 거룩한 하나님이십니다. 거룩함이 하나님의 본질적인 특성입니다. 또한 거룩하신 하나님은 우리 아버지이시기도 합니다. 하나님과 구원 받은 백성과의 본질적인 관계는 부모와

자녀관계입니다.

이 과를 통해서 거룩하시고, 우리 아버지 되시는 하나님에 대하여 바르게 이해하고, 그 하나님께 합당한 예배를 드릴 수 있도록 합시다.

## 〉〉 아이스브레이크

1. 지난 한 주간 자신의 삶에서 가장 중요한 사람이 누구인지 생각해 봅시다. 그 사람이 중요한 이유가 무엇인지도 생각해 봅시다. 자신의 삶의 중심에 누가 있는지 점검하는 시간이 되도록 합시다.

2. 하 · 나 · 님 · 세 글자로 삼행시를 지어봄으로 하나님에 대한 자신의 지식을 점검해 봅시다. 그리고 서로 나누는 시간이 되도록 합시다.

## 〉〉 삶의 흔적 나누기

두 경우 모두 예배의 대상을 잘못 선정하면서 나타나는 현상입니다. 바램이의 경우 초신자가 직면할 수 있는 상황입니다. 그는 예배 의식과 찬양이 주는 느낌에 사로잡혀서 예배를 드립니다. 거룩함을 느끼는 것도 의식과 찬양이 주는 분위기 혹은 이미지에서 느낍니다. 이것은 예배의 대상이 무엇인지 모르기 때문입니다.
찬양이의 경우 예배자로 하나님이 아니라 찬양과 찬양을 드리는 사람들의 마음에 더 집중하는 모습을 볼 수 있습니다. 예배에서 찬양과 찬양을 드리는 사람의 마음은 하나님께 집중하기 위한 도구에 지나지 않습니다. 모든 영광은 하나님이 받으셔야 합니다.

3. 예배를 드리면서 집중하고 있는 것을 솔직하게 나누도록 합시다. 다른 사람이 무엇에 집중하고 있는지 듣고, 자신을 살펴보면서 서로 서로 도전하는 기회가 되도록 합시다.

## 〉〉 말씀의 관점 대하기

요한복음 14:6-11에서 예수님은 예배의 대상이 되시는 하나님의 거룩함과 우리 아버지 되심을 가르치십니다. 예수 그리스도를 통해서 우리는 하나님의 자녀가 되므로 하나님과 우리의 관계가 부모자녀 관계로 맺어집니다. 예수 그리스도 안에서 우리는 하나님을 아버지로 모시고, 그 하나님을 만날 수 있습니다. 우리는 예수님 밖에서 하나님을 만날 수 없습니다. 하나님은 거룩하신 분이시고 우리는 죄인이기 때문입니다. 죄인인 우리가 하나님을 만날 수 있는 유일한 방법은 예수 그리스도를 통해서 하나님을 아버지로 모실 때만 가능합니다.

4. 예수님 안에 거한다는 것은 일차적으로 예수님을 통해서 죄사함을 받았다는 의미입니다. 죄인인 인간이 하나님으로부터 죄사함을 받기 위해서는 예수님의 공로를 의지해야 합니다. 예수님의 공로로 우리는 죄사함을 받고, 구원을 받았습니다. 예수 안에 있다는 것은 예수님의 공로로 구원 받은 백성, 즉 하나님의 자녀가 되었다는 의미입니다. 또한 구원 받은 백성에게는 예수님의 영이신 성령이 내주하십니다. 성령과 동행하며 순종하는 것이 예수 안에 있다는 의미입니다.

5. 예수님이 포도나무와 가지 비유로 우리와 예수님, 우리와 하나님의 관계를 설명해 주셨습니다. 가지는 포두 나무를 떠나서 살 수 없고, 열매 맺을 수 없습니다. 그리고 포도원 농부는 죽은 가지와 열매 맺지 못한 가지를 잘라서 태워버립니다. 그렇기에 가지가 포도원 농부와 바른 관계를 맺기 위해서는 나무에 항상 붙어 있어야 합니다.

6. 예수님은 십자가를 통해서 하나님의 사랑을 보여 주셨습니다. 그리고 십자가를 통해서 인내하시고, 기다리시고, 희생하시는 하나님을 보여 주었습니다. 예수님은 부활하시고, 승천하시는 모습을 통해 전능하신 하나님을 보여 주셨습니다. 그리고 죄사함으로 구원의 백성을 삼으시는 것을 통해 창조주 하나님을 보여주셨습니다.

7. 시내산에서 모세가 십계명을 받으러 간 사이에 이스라엘 백성들은 하나님의 형상을 만들어서 예배하였습니다. 이스라엘 백성이 하나님을 예배하기 위한 수단으로 금송아지를 만든 것입니다. 이 금송아지는 그들이 가지고 있는 욕망의 결정체입니다. 하나님은 이런 이스라엘 백성에게 진노하시고, 징계하셨습니다. 오늘날 우리도 하나님을 예배한다고 하지만 여전히 금송아지를 많이 만들고 있습니다. 금송아지에는 다양한 형태가 있습니다. 각자가 만든 금송아지가 무엇인지 솔직하게 나누어 봅시다.

### 〉〉 기도로 삶 드리기

우리가 하나님의 거룩함을 직면하게 되면, '경건한 두려움'과 '감사'로 반응하게 됩니다. 하나님에 대한 참된 이해는 언제나 두려움과 감사를 불러옵니다. 두려움과 감사함으로 예배드릴 수 있도록 기도합시다.

### 〉〉 활동팁

10. 하나님이 아닌 우리 예배의 대상이 되는 것 중에서 눈에 보이는 것을 생각해 봅시다. 나누면서 자신이 가지고 있는 우상을 발견할 수 있도록 합시다.

11. 눈에 보이지 않지만 우리 예배의 대상이 되는 것을 찾아봅시다. 이 활동을 통해서 하나님을 예배의 대상으로 분명히 합시다.

## 4. 예배자 되기

### 〉〉 이 과의 목표

4과의 목표는 '참 마음과 온전한 믿음'을 가진 예배자가 되게 하는 것입니다. 우리는 예배를 보는 사람이 아니라 예배를 드리는 사람이 되어야 합니다. 예배를 드리기 위해서는 참 마음과 온전한 믿음이 준비되어야 합니다.
이 과를 통해서 참 마음과 온전한 믿음으로 준비되어 예배드리는 참된 예배자가 되길 바랍니다.

### 〉〉 아이스브레이크

1. '지난 주간 드린 예배 중에 좋았던 것을 나누는 시간입니다. 지난 주 예배를 생각하며 가볍게 얘기할 수 있도록 인도하세요. 좋았던 이유도 함께 나누면서 서로에게 의미 있는 시간이 되도록 하세요.

2. 예배를 위해서 준비하는 것들을 나누기 바랍니다. 예배를 위해서 마음의 준비, 실제적인 의식 준비, 헌금 준비 등등이 있을 것입니다. 구체적으로 기대감을 가지는 것, 소망을 가지는 것, 기도로 준비하는 것, 찬양

을 준비하는 것, 헌금 준비 등등 다양한 것들이 있습니다. 그 중에 한 가지 나눌 수 있도록 하시고, 어떻게 준비하는지도 나누면서 서로 도전하는 시간이 되도록 하세요.

### 〉〉 삶의 흔적 나누기

오늘날 많은 성도들이 기대감 없이 의무감만으로 예배에 참석합니다. 정말 예배를 드리고 싶어서라기보다는 예배를 드려야만 한다는 의무감에 참석하는 것이죠. 예배에 대한 어떤 기대감도 없다는 것은 하나님에 대한 기대감이 없다는 것과 동일합니다. 이것은 영적인 식욕부진과 같습니다. 식욕이 없으면 먹지 않게 되고, 그러면 병들게 마련입니다.
오늘날 예배에 나타나는 또 다른 병폐는 예배 관람자가 많다는 것입니다. 그들은 예배를 드리지 않고 보기 위해서 옵니다. 찬양, 말씀, 기도, 헌금, 봉사를 구경하려고 예배에 참석하는 것이죠. 이런 예배 구경꾼에게 은혜가 있을 수 없습니다. 구경꾼은 예배에 대해 평가만 할 뿐입니다.

3. 기대감을 가지고 예배드린 경험들을 나누어 보세요. 기대감을 가지고, 준비되어서 예배드릴 때 어떤 일들이 있었는지 솔직하게 나누시기 바랍니다. 이런 시간이 서로에게 어떻게 예배를 준비해야 하는지 돌아보게 하고, 도전하는 시간이 될 것입니다.

### 〉〉 말씀의 관점 대하기

히브리서 10:19-25과 시편 84:1-4은 예배를 준비하는 것과 관련된 말씀입니다. 히브리서 10:19-25에서 우리가 예배드릴 수 있는 담력을 얻는 것은 예수 그리스도의 피를 힘입었기 때문이라 말씀합니다. 그렇기에 우리는 믿음의 소망을 가지고 이 땅에서 더욱 예배에 힘쓸 수 있습니다. 나뿐만 아니라 서로 권하여 예배를 드릴 수 있는 것입니다.
시편 84:1-4은 예배를 사모하는 마음을 표현하고 있습니다. 하나님과 함께하고 싶은 간절한 마음, 기대감을 나타낸 것이죠. 주의 처소에 거하고 싶은 소망은 구원 받은 백성의 마땅한 마음입니다.

4. 예배로 하나님께 나아갈 때 방해물이 있습니다. 사단은 우리의 죄악 된 모습을 보게 해서 하나님께 온전히 나아가지 못하게 합니다. 우리는 죄악 된 모습을 발

견하면 하나님께 나아갈 만한 공로를 찾지 못하게 되고, 하나님께 나아가는 것을 포기합니다. 그러나 우리가 하나님께 나아갈 수 있는 것은 예수 그리스도의 공로, 즉 그의 죄사함을 의지하기 때문입니다. 그는 하나님과 우리 사이를 가로 막은 휘장을 찢으시고, 열어주셨습니다. 예수님을 의지할 때 어떤 장애물도 하나님과 우리 사이를 막을 수 없습니다.

5. '참 마음과 온전한 믿음'은 세례를 통해서 정결함을 받은 사람이 가지는 것입니다. 구원 받은 백성은 세례를 통하여 악한 마음과 몸을 씻음 받습니다. 또한 그 백성은 하나님이 계시다는 것과 하나님을 찾는 자에게 상주시는 분이심을 확신하는 믿음을 가집니다.

6. 마태복음 5:23-24은 사람들과의 관계에서 화목한 다음에 예배를 드리라고 말씀하고 있습니다. 우리가 하나님께 나아갈 때는 먼저 사람들과의 관계에서 화목한 다음에 나아가야 합니다.
요한복음 14:6은 하나님께 나아갈 수 있는 길은 오직 예수 그리스도뿐임을 말씀하고 있습니다. 예수 그리스도를 나의 구원자, 나의 주로 고백하지 않은 사람은 하나님께 나아갈 수 없습니다.
히브리서 7:24-25은 예수님을 의지하고 하나님께 나아가는 자들을 예수님은 구원하실 수 있으며, 주님이 그들을 위해서 기도하고 계심을 말씀하고 있습니다. 예수님을 의지하고 하나님께 나아갈 때 우리의 모든 죄가 용서받고, 예수님의 중보로 말미암아 하나님이 우리를 받아주십니다.
이 세 말씀은 예배를 위해 영적인 준비(구원, 믿음), 관계적 준비(사람과의 관계, 하나님과의 관계)를 해야 됨을 가르치고 있습니다.

7. 오늘날 예배를 사모하며 공동체로 모이는 것이 점점 약해지고 있습니다. 예배의 형태도 다양해졌고, 혼자서 예배드릴 수 있는 방법도 많아졌습니다. 굳이 힘들여서 공동체로 모이지 않아도 예배를 드릴 수 있는 세상입니다. 내적인 요인(영적인 요인)과 외적인 요인(예배의 변화, 환경의 변화)이 예배드리기 위해 함께 모이는 것을 막고 있습니다. 이러한 시점에서 믿음의 공동체가 함께 예배자로 서기 위한 방법들을 나누어봅시다.

### 》 기도로 삶 드리기

우리가 하나님이 하시는 말씀을 듣고자 사모하여 적극적으로 기도하면서 하나님께 나아가면 하나님은 우리를 말씀으로 만나 주실 것입니다. 말씀을 듣고 겸손히 성령을 의지하면 진정한 예배가 이루어질 것입니다. 사모하면서 기도합시다.

### 》 활동팁

10. 결심들을 적어 보면 많은 유익이 있습니다. 실천할 수 있는 구체적인 방법이 세워지고, 생각하지 못하던 것을 깨닫게 되고, 잊지 않게 됩니다. 그리고 다른 사람을 도전할 수 있는 도구가 되기도 합니다.

11. 구체적인 방법을 생각하고 정리해 봅시다. 그리고 실천을 위한 계획을 짜봅시다. 실천을 위한 계획이 없으면 방법은 아무런 도움이 되지 않습니다. 공동체 전체가 실천할 수 있도록 함께 계획을 짜 보는 것도 좋을 것입니다.

## 5. 예배하는 삶으로 나아가기

### 》 이 과의 목표

이 과의 목표는 예배하는 삶을 살게 하는 것입니다. 예배하는 삶은 전도, 선교, 헌금, 찬양, 기도하는 삶이라고 할 수 있습니다. 물론 다른 모습의 예배하는 삶도 있을 것입니다. 그러나 이 과에서는 우리 생활 가운데서 전도, 선교, 헌금, 찬양, 기도하는 삶으로 하나님께 예배하는 것을 강조합니다. 생활 가운데서 이러한 것들로 하나님을 섬기는 것이 참 예배이며, 예배하는 삶이기 때문입니다. 이 과를 통해서 예배하는 삶으로 나아갈 수 있기를 바랍니다.

### 》 아이스브레이크

1. 삶의 만족도는 자신의 기준에 따라 평가할 수 있습니다. 나의 삶에 대하여 나는 얼마나 만족하고 있는지 나누어 보시기 바랍니다. 이것을 통해서 각자의 삶에 대한 자신의 마음을 돌아보기 바랍니다.

2. 다른 사람의 필요를 채워주는 것은 사랑의 표현입니다. 최근에 다른 사람을 사랑한 일이 있는지 나누어 보시기 바랍니다. 이것을 통해서 생활 가운데 하나님을 사랑하는 구체적인 모습을 생각해 보시기 바랍니다.

### 〉〉 삶의 흔적 나누기

낙심이의 경우 기독 청년으로서 자주 가질 수 있는 생각입니다. 교회의 전도와 선교를 성경적인 가치로 행하는 것이 아니라 세상적인 가치에 따라 행하기 때문입니다. 그렇게 행해지는 전도와 선교는 하나님을 위한 것이라기보다는 사람을 위한 것이라 할 수 있습니다. 당연히 하나님을 예배하는 전도와 선교의 삶은 되지 않습니다.

열심이가 빠져 있는 함정에 우리도 자주 빠지곤 합니다. 찬양, 헌금, 기도를 의무감으로 혹은 자신의 성공을 위해서 드리는 자신과 성도들을 보게 될 때 빠지는 함정이지요. 찬양, 헌금, 기도는 의무감이나 사람을 위해서 드리는 것이 아니라 하나님께 감사함으로 드리는 것입니다. 여기에 다른 무엇이 첨가될 경우, 그것은 예배와는 상관이 없게 됩니다.

3. 내가 낙심이나, 열심이라면 어떻게 할 수 있을까요? 정답이 있는 것이 아니라 자기가 속한 공동체의 상황과 문화에 따라 달라질 수 있을 것입니다. 자유롭게 나누기 바랍니다. 조심할 것은 타인과 교회 공동체를 비판하기 위한 나눔이 되지 않도록 합시다.

### 〉〉 말씀의 관점 대하기

로마서 15:14-19은 '제사장', '제물', '거룩하게 되어 받으실 만하게' 라는 말씀을 통해서 전도와 선교가 하나님께 드리는 제물이며, 예배의 행위임을 보여주는 말씀입니다.

빌립보서 4:14-20은 헌금과 구제가 하나님이 받으실 만한 '향기로운 제물' 임을 말씀하고 있습니다. 예배를 위해서 드리는 헌금과 일상생활 가운데 드려지는 구제 모두가 하나님이 받으실 만한 향기로운 제물인 것입니다. 즉, 우리가 드리는 헌금과 구제가 예배임을 알 수 있습니다.

4. 예배는 단순히 의식에 국한되는 것이 아니라 우리의 모든 행위로 드려집니다. 특

히 전도와 선교는 그 중에서도 대표적인 것이라 할 수 있습니다. 전도와 선교는 직접적으로 하나님을 이 세상 가운데 나타내는 것입니다. 하나님의 선하심과 사랑을 증거 하는 것은 하나님이 가장 기뻐하시는 일입니다. 하나님의 기뻐하시는 일은 "거룩하게 받으실 만한 것", 곧 예배가 될 수 있는 것입니다.

5. 이웃을 위한 구제와 선교의 목적으로 사용되는 모든 재물은 하나님을 기쁘시게 하는 제물입니다. 특별한 목적을 가지고 준비해서 드려지는 재물들이 있습니다. 예를 든다면, 구제단체, 선교단체, NGO 단체 등이 세계평화, 기아, 난민을 위해서 모금을 합니다. 그 모금을 위해 저축하고 드린다면, 그것은 하나님이 받으실 만한 향기로운 제물이 됩니다. 그 외에도 많은 것들이 있을 것입니다. 자유롭게 나누어 보시기 바랍니다.

6. 찬양, 기도, 말씀, 헌금이 우리 생활 가운데서 구체적으로 드러날 수 있습니다. 성경의 많은 인물들이 시와 찬미로 생활 가운데서 하나님을 예배하였습니다. 또한 교회사를 살펴보면, 위대한 하나님의 사람들이 말씀과 헌금으로 생활 가운데서 하나님을 예배한 것을 쉽게 찾아 볼 수 있습니다. QT, 묵상, 구제, 열방을 향한 중보기도, 마음의 고백으로 드리는 찬양은 생활 가운데 드릴 수 있는 예배입니다.

7. 우리 가운데 구원의 감격과 참된 예배에 대한 이해가 부족하기 때문입니다. 성령의 충만함으로 구원의 감격을 회복하고, 의무감이 아니라 감사와 고백으로 예배를 드려야 합니다. 또한 예배에 대한 깊은 이해를 통해서 하나님의 영광을 위한 예배가 드려질 수 있도록 해야 합니다.

### 〉〉 기도로 삶 드리기

우리 생활 가운데서 기도, 말씀, 찬양, 성령께 민감함으로 사는 순종, 헌금이 아름답게 열매 맺도록 결단하면서 기도합시다.

### 〉〉 활동팁

10. 주보에 있는 예배 순서들을 분류해 봄으로 내가 하나님께 어떤 모습으로 예배드

리고 있으며, 어떻게 반응하고 있는지 살펴볼 수 있습니다. 점수로 환산해보면서 온전한 예배를 드릴 수 있도록 결단해 보시기 바랍니다.

11. 우리의 일상 가운데 찬양, 기도, 헌금, 전도는 다양한 형식으로 열매 맺을 수 있습니다. 자신의 환경과 상황에 따라 어떻게 실천할 수 있는지 정리해 보고, 함께 나누어 보시기 바랍니다.

# 6. 예배, 그 후

## 〉〉 이 과의 목표

이 과의 목표는 우리 삶이 예배 이후의 6일 동안 예배하는 삶이 되도록 하는 것에 있습니다. 하나님을 예배하는 것은 단순히 예배 의식에 국한 되는 것이 아니라 우리 모든 삶을 통해서 드려져야 합니다. 우리 모든 삶이라고 했을 때 구체적으로 어떤 삶을 통해서 하나님을 예배할 수 있을까요? 이 과를 통해서 하나님을 예배하는 구체적인 삶을 이해하고, 예배드릴 수 있기를 바랍니다.

## 〉〉 아이스브레이크

1. 아무도 보는 사람이 없을 때의 모습이 진정한 당신의 모습이라고 합니다. 자신의 마음 상태, 외모, 행동이 아무도 없을 때 어떠한지 나누어 봅시다.

2. 우리 삶 중에서 선행과 나눔의 삶이 얼마나 차지할까요? 보이지 않아서 책정할 수 없는 부분도 있고, 보이기 때문에 책정할 수 있는 부분도 있을 것입니다. 마음을 쓰는 것은 책정하기가 쉽지 않죠. 그러나 실제적인 도움은 책정할 수 있을 것입니다. 그럼에도 불구하고 스스로가 자신을 평가해 본다면 어느 정도 지수를 말할 수 있을 것입니다. 이 과정을 통해서 자신의 삶을 되돌아보는 시간이 되도록 합시다.

## 〉〉 삶의 흔적 나누기

의문이의 경우는 신앙생활이 이원론적으로 분리되어 나타나는 대표적인 현상입니다. '성'과 '속'으로 나누어진 이원론에서는 예배의식과 일상생활은 '거룩함'과 '세속적인 것'으로 분리되어 있습니다. 그래서 '성'에 속한 것은 거룩하고 하나님께서 받으실 만한 것이고, '속'에 속한 것은 세속적인 것이라 하나님과 관계가 없다고 생각합니다. 예배에서 이런 현상이 나타납니다. 그러나 모든 것이 하나님께 속한 것이고, 주를 위할 때 모든 것이 거룩한 것입니다.

실천이의 경우는 예배와 예배 사이가 하나님께 드려지는 산제물 같은 삶이 되어야 한다는 것을 깨달은 경우입니다. 신앙생활 가운데 정말 중요한 예배는 예배와 예배 사이에 있습니다. 여기에서 예배하지 못한다면, 우리는 온전한 신앙인이 될 수가 없습니다. 그런 예배는 하나님이 책망하신 의식만 있었던 이스라엘 백성의 제사와 같습니다. 제사와 제물은 있지만, 순종이 없는 제사를 하나님은 받지 않으십니다. 오히려 역겨워하시고 싫어하십니다.

3. 구원 받은 하나님의 백성에게 모든 것의 주인은 하나님이십니다. 그렇기에 자신에게 주어진 모든 것을 통해서 하나님을 예배할 수 있습니다. 하나님을 위한 일상의 작은 일들도 거룩한 것입니다.

### 〉〉 말씀의 관점 대하기

히브리서 13:15-17은 하나님이 기뻐하시는 예배를 소개하고 있습니다. 그 예배는 "선을 행함과 서로 나누어 주는" 것입니다. 선을 행함과 나누는 삶으로 우리 일상생활을 통해서 예배할 수 있습니다.

로마서 12:1-2에서 '영적 예배', '산제물'에 대하여 말씀합니다. 구원받은 백성은 하나님 앞에서 '산제물'입니다. 우리 몸으로 하는 모든 것이 하나님께 드리는 제물이 되는 것입니다. 하나님께 드려지는 우리 삶은 '영적 예배'입니다.

4. 찬송의 제사는 하나님의 이름을 증언하는 열매입니다. 하나님을 증언하는 열매를 우리는 나눔과 선행의 삶을 통해서 맺을 수 있습니다. 세상 속에서 우리의 나눔과 선행을 통해서 하나님이 살아계신 것과 그 분의 사랑을 증거할 수 있는 것입니다. 이것이 찬송의 제사입니다.

5. 예수님을 믿는다고 하지만, 그 분을 가르침을 따르지 않는 삶을 살 수 있습니나. 오늘날 한국 기독교의 가장 큰 문제가 바로 이것입니다. 믿는다고 하지만 순종하

지 않는 것입니다. 그러나 믿는다면 우리는 마음을 새롭게 하고, 세상 가치를 좇지 않고 하나님의 뜻을 따라야 합니다. 하나님 말씀에 순종하는 삶을 사는 것이 우리 삶을 산제물로 드리는 것입니다. "주의 말씀이 종의 삶 가운데 이루어지게 하옵소서"라고 고백한 마리아의 삶처럼 우리 삶이 산제물이 되기를 바랍니다.

6. 그리스도와 함께 십자가에 못 박혔다는 것은 자아의 죽음을 의미합니다. 더 이상 자아를 만족시키기 위해서, 자아실현을 위해서 살아가지 않는 것이죠. 그는 오직 예수 그리스도의 뜻을 실현하기 위해서 살게 됩니다. 이것은 바울 사도가 고백한 것처럼 십자가만 자랑하고, 그리스도만을 높이는 삶입니다.

7. "무슨 일을 하든지 하나님께 하듯 하라"고 골로새서 3:20에서 가르칩니다. 우리에게 주어지는 모든 일을 사람들에게 보이고, 나를 위해서 하는 것이 아니라 하나님 앞에서, 하나님을 위해서 하는 것입니다. 이런 삶을 살아갈 때 거룩한 모습으로 살아갈 수 있습니다. 가정, 학교, 교회, 사회에서 구체적인 일들을 어떻게 하나님 앞에서 할 수 있는지 나누면서 서로 도전합시다.

## 〉〉 기도로 삶 드리기

신약적 의미의 제사란 그리스도인이 자신의 몸을 바치는 것입니다. 골로새서 3:22-24은 우리가 행하는 일상사조차도 예배의 가치를 갖고 있음을 보여 줍니다. 그러므로 몸이 개입되는 모든 일, 행동, 활동은 영적 예배가 됩니다. 우리 삶이 산제물이 되도록 결단합시다.

## 〉〉 활동팁

10. 인간관계에서 성령의 열매 맺는 삶은 거룩한 삶입니다. 우리 삶에서 구체적인 방법을 생각해보지 않고, 실천하지 않았기 때문에 열매가 없는 것입니다. 구체적인 방법을 생각하고, 실천하여서 열매 맺는 삶을 살도록 합시다.

11. 공동체는 서로 죄를 용납하고 용서하는 곳입니다. 그렇지만 공동체에서 이런 일들이 잘 이루어지지 않습니다. 용납하고 용서하기 위해서 해야 할 일들을 생각하고 나누어 봅시다. 그리고 공동체에서 실천해 봅시다.